"Mark Dever nos apr[esenta] [Richard Sibbes,] um amigo fiel de muitos en [nossa história e] cujos escritos já serviram de conforto espiritual para muitas pessoas nas gerações seguintes, incluindo o grande pregador Martyn Lloyd-Jones. Richard Sibbes combinou uma forte teologia com um doce amor por Cristo e a terna misericórdia por pecadores quebrantados, o que faz dele um exemplo formidável do cristianismo reformado vivencial. Em uma época com muitas divisões e discórdias, Sibbes lutava pela unidade enquanto buscava a renovação espiritual da Igreja da Inglaterra. A pesquisa histórica meticulosa que Dever realizou traz luz sobre a vida desse puritano moderado, de quem foi dito: 'O Céu estava nele antes de ele estar no Céu'."

- Dr. JOEL BEEKE
Presidente e professor de Teologia Sistemática e Homilética
Puritan Reformed Theogical Seminary
Grand Rapids, Michigan (EUA)

"Certa vez, o Dr. Martyn Lloyd-Jones disse que Richard Sibbes era um 'remédio infalível' para a alma atribulada. 'Sibbes foi', escreveu ele, 'um bálsamo para a minha alma em um período da minha vida em que me via esgotado e exausto e, por isso, estava especialmente vulnerável aos ataques do diabo'. E essa tem sido minha própria experiência com 'Sibbes, o doutor celestial': seus sermões fazem o coração derreter e sempre conduzem minhas afeições a Cristo. Por isso, fico muito satisfeito em ver essa útil e acessível introdução a Sibbes. Que Deus use este livro para que muitos aprendam com o rico e impactante ministério de Sibbes!"

- Dr. MICHAEL REEVES
Presidente e professor de Teologia
Union School of Theology,
Oxford, Inglaterra

"Richard Sibbes, que já foi chamado 'a doce concha da graça', é um importante escritor puritano que, infelizmente, é muito negligenciado. Este ótimo livro do Dever nos ajuda a entender o contexto de Sibbes e mostra a vitalidade de sua teologia para sua própria época e também para a nossa."

- Dr. W. ROBERT GODFREY
Presidente emérito e professor emérito de História da Igreja
Westminster Seminary California,
Escondido, Califórnia (EUA)

MARK DEVER

A Teologia Afetuosa de
Richard Sibbes

UM PERFIL DE HOMENS PIEDOSOS

FIEL
Editora

D491t Dever, Mark
A teologia afetuosa de Richard Sibbes / Mark Dever ; [tradução: Francisco Brito]. – São José dos Campos, SP : Fiel, 2018.

163 p. – (Um perfil de homens piedosos)
Tradução de: The affectionate theology of Richard Sibbes.
Inclui referências bibliográficas.
ISBN 9788581325491

1. Sibbes, Richard, 1577-1635. 2. Puritanos. 3. Teologia dogmática – História – Séc. XVII. 4. Igreja reformada – Doutrinas – História – Séc. XVII. I. Título. II. Série.

CDD: 230.59092

Catalogação na publicação: Mariana C. de Melo Pedrosa – CRB07/6477

A Teologia Afetuosa de Richard Sibbes –
Um perfil de Homens Piedosos
Traduzido do original em inglês
"The Affectionate Theology of Richard Sibbes"
por Mark Dever,
editado por Steven Lawson
Copyright © 2018 por Mark Dever

Publicado por Reformation Trust,
Uma divisão de Ligonier Ministries,
400 Technology Park, Lake Mary, FL 32746

∎

Copyright © 2018 Editora Fiel
Primeira edição em português: 2018

Todos os direitos em língua portuguesa reservados por Editora Fiel da Missão Evangélica Literária
PROIBIDA A REPRODUÇÃO DESTE LIVRO POR QUAISQUER MEIOS, SEM A PERMISSÃO ESCRITA DOS EDITORES, SALVO EM BREVES CITAÇÕES, COM INDICAÇÃO DA FONTE.

∎

Diretor: James Richard Denham III
Editor: Tiago J. Santos Filho
Tradução: Francisco Brito
Revisão: Shirley Lima
Capa: Chris Larson (ilustração: Kent Barton)
Diagramação: Rubner Durais
Adaptação da Capa: Rubner Durais

ISBN: 978-85-8132-549-1

Caixa Postal, 1601
CEP 12230-971
São José dos Campos-SP
PABX.: (12) 3919-9999
www.editorafiel.com.br

SUMÁRIO

Apresentação: Seguidores dignos de serem seguidos 7

Prefácio: Como este livro foi escrito 11

Introdução: O puritano quintessencial 13

Capítulo 1: O contexto de formação 19

Capítulo 2: Sibbes e o conformismo 31

Capítulo 3: A era das contendas 49

Capítulo 4: Predestinação, pacto e conversão 71

Capítulo 5: A centralidade do coração 95

Capítulo 6: A certeza da salvação 117

Capítulo 7: O papel da consciência 139

Pós-Escrito: A importância de Sibbes
para os estudos sobre os puritanos 157

APRESENTAÇÃO

Seguidores Dignos de Serem Seguidos

Ao longo dos séculos, Deus levantou uma linhagem de homens piedosos que ele usou poderosamente em momentos estratégicos da História da Igreja. Esses indivíduos corajosos vieram de todas as esferas da vida — desde as salas de aula das mais ilustres universidades até as salas empoeiradas em lojas de comerciantes. Eles surgiram em todas as partes do mundo — desde os lugares de alta visibilidade em cidades densamente povoadas até vilarejos dos lugares mais remotos. No entanto, apesar das diferenças, esses importantes personagens tinham em comum aquelas virtudes que continuam a ser inegociáveis.

Cada um desses homens tinha uma fé inabalável no Senhor Jesus Cristo. Mais do que isso, cada um desses bastiões da fé estava plenamente convicto das verdades que exaltam a Deus, conhecidas como as doutrinas da graça. Embora eles tivessem suas diferenças nas questões secundárias da teologia, tinham unidade em torno dos ensinamentos bíblicos que engradecem a soberana graça de Deus na salvação. Esses líderes espirituais estavam edificados sobre a verdade fundamental de que "a salvação vem do Senhor" (Salmos 3.8; João 2.9).

Qualquer análise da História da Igreja revela que aqueles que abraçaram essas verdades bíblicas reformadas adquiriram uma confiança extraordinária em seu Deus. Longe de paralisar esses gigantes espirituais, as doutrinas da graça acenderam em seus corações uma admiração reverente por Deus que humilhou suas almas diante de seu trono. As verdades acerca da divina soberania tornavam esses homens mais ousados para avançar na causa de Cristo na face da terra. Com uma visão ampla que almeja a expansão de seu reino na terra, eles avançavam com ousadia para fazer o trabalho de dez ou até de vinte homens. Eles se erguiam com asas e voavam como águias nos tempos em que viveram. Eles eram estimulados pelas doutrinas da graça a servir a Deus em seu momento designado da história, deixando uma herança de piedade para as futuras gerações.

Essa série, *Um perfil de homens piedosos*, destaca os principais personagens na procissão histórica dos defensores da soberana graça. O propósito dessa série é apresentá-lo a esses significativos personagens e explorar como eles usaram os dons e as habilidades que receberam de Deus para impactar a época em que viveram com a obra de Cristo. Como eles foram corajosos seguidores do Senhor, o exemplo que deixaram é digno de imitação ainda nos dias de hoje.

Este volume volta seu foco para o homem que foi chamado "o puritano quintessencial", Richard Sibbes. Longe de personificar o equivocado estereótipo do puritano sisudo, Sibbes foi um homem apaixonado pelo evangelho. Ele pregava com convicção e poder, tanto diante do homem comum como diante do acadêmico. Sibbes é um exemplo extraordinário de pregador que reuniu a sólida teologia reformada a um zelo sincero, buscando apresentar todo o conselho de Deus ao seu público, a fim de garantir que compreendessem o evangelho e as respectivas implicações para suas vidas. Essa pregação doutrinariamente fiel e, ao mesmo tempo, relevante para a vida prática pode ser vista na maneira como ele enfatizava a certeza da salvação, o lugar das emoções na vida cristã e o pacto de Deus com o homem.

Quero agradecer à equipe editorial da Reformation Trust, por seu compromisso com a série *Um perfil de homens piedosos*. Continuo grato pela influência contínua de meu ex-professor e admirável amigo, o Dr. R.C. Sproul. Também quero expressar minha gratidão a Chris Larson, que é tão prestativo na supervisão dessa série. Por último, agradeço ao Dr. Mark Dever, por preparar esta versão de sua tese de doutorado, *Richard Sibbes: puritanismo e calvinismo no fim do reinado de Elizabeth I e início da dinastia dos Stuart na Inglaterra*, com o objetivo de apresentar esse personagem frequentemente negligenciado pelas novas gerações.

Que o Senhor use este livro para incentivar e encorajar uma nova geração de crentes, a fim de que levem o testemunho de Jesus Cristo ao mundo. Que, por meio dessa apresentação de Richard Sibbes, você seja fortalecido para andar de modo digno na vocação a que foi chamado. Que você seja zeloso em seu estudo da Palavra escrita de Deus, para a exaltação de Cristo e para que o reino dele avance.

Soli Deo gloria!
— Steven J. Lawson
Editor da série

PREFÁCIO

Como Este Livro Foi Escrito

Além de Richard Sibbes e de mim mesmo, quatro pessoas foram essenciais para a criação deste livro que você tem em mãos. Se você passar alguns minutos lendo a esse respeito, vai entender melhor o que este livro é.

As duas primeiras pessoas são pesquisadores. William Nigel Kerr foi professor de História da Igreja no Gordon-Conwell Theological Seminary [Seminário Teológico Gordon-Conwell], em South Hamilton, Massachussets. Em 1982, Kerr sugeriu, pela primeira vez, que eu focasse em Richard Sibbes em meus estudos. Eamon Duffy foi meu orientador no corpo docente de Teologia na Universidade de Cambridge, no período em que escrevi a primeira edição deste livro, ainda na forma de tese (1988-1992). Tenho uma grande dívida em relação a esses dois homens.

A terceira pessoa é Michael Lawrence, um amigo e colega que, em um momento decisivo de sua vida, passou uma parte significativa do ano editando a minha tese para que fosse publicada pela Mercer University Press, sob o título *Richard Sibbes: puritanismo e calvinismo no fim do reinado de Elizabeth I e início da dinastia dos Stuart na Inglaterra* (2000). Desde então, Michael foi para Cambridge, a fim de pôr em prática os próprios estudos sobre Thomas Goodwin e, desde 2010, é pastor da Hinson Memorial Baptist Church, em Portland, Oregon.

E a quarta pessoa é Kevin D. Gardner. Quando o Ministério Ligonier teve a ideia de pegar a minha tese (que estava prestes a se esgotar) e transformá-la em um livro mais acessível para a série *Um perfil de homens piedosos*, Kevin foi encarregado de cumprir essa tarefa. Acho que ele foi admiravelmente bem-sucedido. Os detalhes mais obscuros que só interessam aos acadêmicos foram omitidos (mas ainda podem ser encontrados em minha tese ou na versão mais completa que foi publicada pela Mercer). A essência do meu argumento continua em minhas próprias palavras. Nós acrescentamos algumas coisas para tornar o livro mais interessante para o público em geral.

Richard Sibbes foi e continua a ser um pregador poderoso. Seus sermões são teologicamente claros e, com frequência, pastoralmente intensos. Ele é mais um que, pela graça, faz parte daquela longa linhagem de homens piedosos.

— Mark Dever
Washington, D.C.
Outubro de 2017

INTRODUÇÃO

O puritano quintessencial

Alguém que é descrito como "um cavalheiro brando, educado, moderado, charmoso, culto e altamente respeitado de meia-idade" talvez não pareça uma possibilidade promissora de estudo.[1] Embora os obstáculos e as dificuldades possam desmotivar a investigação, Richard Sibbes é um tema atraente, histórica e teologicamente. Sua teologia capta a essência da teologia do início do século XVII, sob o reinado de James VI e Charles I, e sua história ilustra os conflitos e os acordos dentro da Igreja da Inglaterra. Até mesmo a rejeição que ele teve de suportar encoraja a investigação.

O estilo de pregação de Sibbes — a exemplo de sua própria teologia — era típico daquela época. Seus sermões captam a essência da ênfase prática, que era o marco da Igreja inglesa daquele tempo. Ao longo de sua vida, Sibbes foi reconhecido como um eminente pregador prático: em 1634, Samuel Hartlib

---

1 William Haller, *The Rise of Puritanism* (New York: 1938), p. 163.

referiu-se a ele como "um dos teólogos vivos mais experimentais".² Raramente polêmica, sua pregação caracterizava-se por um tom pacífico, mais voltada para o consolo do que para a controvérsia. No prefácio para o livro de Sibbes *The Glorious Feast of the Gospel*, Arthur Jackson, James Nalton e William Taylor escreveram:

> Ah! Os cristãos perderam muito de sua comunhão com Cristo e com seus santos — o Céu na terra — porque afastaram a vida da religião através de disputas [...] Portanto, para recuperar o sabor espiritual das verdades práticas, esses sermões daquele excelente e saudoso homem de Deus estão sendo publicados.³

Posteriormente, os historiadores perceberam a habilidade de Sibbes como pregador.⁴ Mas, ainda que suas habilidades e seu sucesso fossem singulares, sua teologia e seus alvos não eram.

Mais do que seu estilo e sua maneira de se expressar, a essência do pensamento teológico de Sibbes era predominante em sua época, especialmente o uso da ideia de pacto. Sibbes dizia que o pacto era o fundamento de toda a vida cristã, "tanto na justificação como na santificação".⁵ Com frequência, essa estrutura pactual é vista como a principal diferença entre Calvino e seus seguidores ingleses que vieram depois. Assim, Sibbes é uma janela para essa contribuição distintivamente inglesa. Como o estilo e a substância

---

2 Samuel Hartlib, *Ephemerides*, Hartlib Mss., Sheffield University.

3 Arthur Jackson, James Nalton e William Taylor, "Ao Leitor", prefácio de *The Glorious Feast of the Gospel de Richard Sibbes* (London: 1650); rep. Alexander Balloch Grosart, ed., *The Works of Richard Sibbes*, 7 volumes (Edinburgh, Scotland: 1862-1864), 2:439.

4 William Haller descreve os sermões de Sibbes da seguinte forma: "estão entre as declarações mais brilhantes e populares da Igreja puritana militante" (Haller, 152). Norman Pettit sugeriu que Sibbes tinha "a imaginação mais rica de todos. De fato, Sibbes era um pregador espiritual excepcional, talvez o mais original de sua época" (Norman Pettit, *The Heart Prepared: Grace and Conversion in Puritan Spiritual Life* [New Haven, Conn.: 1966], p. 66).

5 Sibbes, "The Rich Poverty; or, The Poor Man's Riches", em *Works*, 6:245.

teológica de Sibbes podem ser descritos como típicos e excepcionais para aquela época, Christopher Hill descreveu Sibbes como "o puritano quintessencial".[6]

Sibbes também merece ser estudado porque sua história ilustra os elementos de concordância e de conflito na Igreja inglesa daquela época. O que mais marcou sua vida não foram os conflitos e as privações, mas os cargos e os púlpitos que ele conseguiu conquistar. Desde os dez anos de idade, quando começou a estudar na Escola Livre King Edward VI, em Bury St. Edmunds, até a sua morte, aos 58 anos, como pregador em Gray's Inn, Londres, mestre na Katharine Hall na Universidade de Cambridge[7] e pároco da Igreja da Santíssima Trindade em Cambridge, Sibbes sempre esteve ligado a instituições famosas. Desse modo, os cargos que ele ocupou e as situações em que se envolveu servem como diretrizes para a história.

Apesar de sua associação com instituições proeminentes e de sua boa reputação póstuma, Sibbes foi muito negligenciado. Existem poucas biografias ou estudos de sua teologia, à exceção de algumas teses não publicadas, e ele é citado com mais frequência do que é estudado. Ele oferece um modelo para explorar e investigar os "puritanos moderados", os "não conformistas" e os "calvinistas". E ele não viveu amordaçado no exílio, como muitos de seus contemporâneos e amigos. Portanto, um dos objetivos deste livro é juntar os diferentes retratos da vida e do pensamento, de modo a trazer clareza sobre ele e sobre a época dele.

Ainda que um estudo de Richard Sibbes se mostre útil, não é fácil. Há mais perguntas do que evidências para responder às questões. Existem muitas dificuldades, algumas bem incomuns, no estudo desse homem público: primeiro, Sibbes nunca se casou, então não

---

6   Christopher Hill, "Francis Quarles and Edward Benlowes", em *Collected Essays* (Amherst, Mass.: 1985), 1:190.

7   O cargo de "mestre" é relativamente parecido com o de "reitor". Em 1860, a faculdade mudou o nome para St. Catherine's College.

havia nenhum membro da família para fazer uma biografia dele ou para reunir seus artigos, cartas ou manuscritos. Diversos manuscritos e cartas estão divididos entre Londres, Oxford e Cambridge, mas não existe um catálogo completo de documentos relacionados a Sibbes para estudantes de história.

Segundo — e algo incomum no estudo de uma pessoa pública —, seu sermão fúnebre não foi preservado. Esse tipo de sermão é uma fonte importante para os historiadores, pois mostram como a vida do indivíduo era vista por seus contemporâneos. William Gouge pregou o sermão fúnebre de Sibbes, mas esse sermão nunca foi publicado. Um contemporâneo de Sibbes, Zachary Catlin, escreveu uma biografia sobre ele, mas é curta e insuficiente, e outra, ainda mais curta, foi publicada por Samuel Clarke em *A Collection of the Lives of Ten English Divines* (1652).

Além dessas biografias, as únicas fontes existentes são as poucas cartas escritas por Sibbes que restaram; referências casuais nos escritos de seus contemporâneos; e os prefácios que seus colegas escreviam para seus livros – a maioria publicada postumamente. Essa última fonte chama a atenção para outra dificuldade presente para o pesquisador — não há registros de quando a maioria dos sermões de Sibbes foi pregada, o que dificulta a reconstrução de qualquer progressão histórica em seu pensamento.

Contudo, um estudo profícuo de Sibbes ainda é possível. Na primeira parte deste livro, a vida de Sibbes é examinada à luz de seu contexto de transformações. No final do reinado de Elizabeth I, em 1603, o foco de muitos pregadores e acadêmicos ingleses havia passado das controvérsias da década de 1570 para as preocupações mais pastorais e menos polêmicas. Não que as controvérsias tivessem acabado, mas os livros passaram a focar cada vez mais nos aspectos de devoção e piedade pessoal, na preparação para a salvação e na certeza da salvação. Historicamente, esse tipo de literatura é considerado típico do grupo que costuma ser chamado "os puritanos", dos quais Sibbes foi um mestre reconhecido.

Introdução

Este livro apresenta a carreira e os escritos de Sibbes, desde os primeiros anos, passando pelo reinado de James, até as muitas transformações havidas na Igreja sob o rei Charles I e William Laud, arcebispo de Cantuária, quando usar ou deixar de usar o Livro de Oração Comum tornou-se uma questão primária (conhecida como conformismo ou não conformismo). Este livro apresenta o pensamento de Sibbes, examinando sua teologia contextualizada: ela era distintivamente reformada? Mística? Não conformista? Um interesse especial consiste em entender melhor o pensamento de Sibbes sobre a relação entre as ações de Deus e as ações da humanidade. Esse é o contexto da ideia de pacto, que é onde o puritanismo se mostra teologicamente excepcional e os escritos de Sibbes se destacam. Sua teologia será examinada tanto em suas expressões mais objetivas e calvinistas como em suas expressões mais "experimentais", tipicamente puritanas. Sua ênfase nas afeições, ou emoções, na vida do cristão é especialmente importante, assim como sua insistência na possibilidade de o cristão ter certeza de sua salvação e suas análises acerca do papel da consciência na vida cristã.

De forma mais ampla, este livro relaciona o puritanismo inglês aos seus antepassados reformados de uma maneira que destaca as mudanças históricas e não teológicas. Portanto, estudar Sibbes é útil para se entender a relação entre a teologia e a prática reformada e as exigências do início da conformidade sob os Stuart. Consequentemente, é útil para se entender a vida religiosa daquele período, quando diminuíam as esperanças de uma reforma completa, mas ainda não haviam chegado ao ponto de desespero, como aconteceria na década posterior à morte de Sibbes.

No fim das contas, Sibbes não será reconhecido como um puritano moderado, forçado ao não conformismo por causa do extremismo cada vez maior da Igreja Anglicana sob Laud, mas como um conformista até o dia de sua morte. Apesar disso, ele nunca deixou de lutar pela reforma da Igreja.

CAPÍTULO 1

O contexto de formação

Na primavera de 1559, um pobre trabalhador de Pakenham, Suffolk, morreu e deixou para trás uma jovem esposa, Elizabeth, e dois filhos, Paul e Robert, além de uma pequena herança — uma casa, um pequeno pedaço de terra e algumas libras. Robert viveu até os noventa anos e nenhum dos filhos de sua viúva, Alice, sobreviveu. O filho mais velho, Paul, tornou-se fabricante de rodas de carruagens e se mudou de volta para Tostock; lá, ele se casou com Joane e teve seis filhos que sobreviveram até a vida adulta.

Richard nasceu em 1577 e foi o primogênito de Paul e Joane Sibbes. Foi batizado na igreja paroquial no dia 6 de janeiro de 1580. Quando Richard ainda era jovem, a família Sibbes se mudou para a cidade de Thurston, que ficava a três quilômetros a oeste. Em sua biografia de Sibbes, Zachary Catlin registra que, em Thurston, eles tinham "boa reputação, criaram e casaram seus filhos, compraram algumas casas e terras, e lá morreram. Seu pai era [...] um trabalhador habilidoso e sofrido, além de um cristão de coração sincero".[1] O jovem Sibbes cresceu e iniciou seus estudos.

Todos os outros filhos permaneceram na região durante toda a vida: John assumiu o ofício do pai e se mudou para sua casa em Thurston; ele e a esposa tiveram um filho, três netos e um bisneto que seguiu os passos de Richard e foi estudar na Katharine Hall, em Cambridge. John morreu em algum momento entre 1610 e 1635. Thomas se mudou para Rattlesden, um vilarejo vizinho, e se casou com Barbara; nenhum de seus filhos sobreviveu. Não se sabe qual era o emprego dos maridos das três irmãs de Richard (Susann Lopham, Elizabeth King and Margaret Mason). De todos os seus irmãos e irmãs, somente Margaret e Thomas viveram mais do que Richard.

Richard não permaneceu em Thurston. Contudo, mesmo depois de ter sido eleito *fellow* em Cambridge, ele não deixou de se envolver com a vida de sua família em Thurston. Ele foi proibido de se casar — essa era uma condição para ser *fellow* em uma faculdade da Cambridge no século XVII —, o que talvez tenha fortalecido os laços com sua própria família. Catlin registra que Sibbes ou pregava na igreja paroquial ou ajudava a distribuir a comunhão "sempre que ia para o interior, a fim de visitar sua mãe e seus irmãos", o que acontecia com tanta frequência que Catlin registrou: "Rapidamente nos aproximamos um do outro".[2] Ao longo de toda a sua vida, Sibbes foi proprietário de terras no vilarejo, as quais ele acabou deixando para seu irmão Thomas e seu sobrinho John. Mesmo depois de se mudar para Londres, Sibbes não se esqueceu de suas responsabilidades com

---

1 Os arquivos da Universidade de Cambridge têm três diferentes cópias manuscritas da obra de Zachary Catlin, "Memoir of Richard Sibbes" (Add. 48; Add. 103; Mm.1.49). A obra foi publicada duas vezes, uma vez por J.E.B. Mayor em *Antiquarian Communications: Being Papers Presented At the Meetings of the Cambridge Antiquarian Society (1859)*, 1:255-64, e outra vez por Grosart em *The Works of Richard Sibbes* (Edinburgh, Scotland:1862), 1:cxxxiv-cxli.
2 Zachary Catlin, "Memoir of Richard Sibbes", publicado como "Appendix to Memoir" em *Works*, 1:cxxxv.

a família. Convidou sua mãe para morar com ele, mas ela não aceitou e preferiu continuar em Thurston.

O INÍCIO DOS ESTUDOS

Antes de ser eleito *fellow* da Cambridge e de ser escolhido para ocupar um púlpito de destaque em Londres, o plano dos pais de Richard era que ele se estabelecesse na região de Thurston e se tornasse um fabricante de rodas de carruagens como seu pai. Embora, posteriormente, o ofício de seu pai tenha servido de fonte para ricas ilustrações, sua inclinação inicial era ler e estudar.[3] Então, Sibbes dedicou toda a sua energia ao labor acadêmico. Catlin registra:

> Testemunho do Sr. Thomas Clark, o Condestável, que tinha mais ou menos a mesma idade e frequentou a escola com ele [...] ele me disse algumas vezes que, quando os meninos saíam da escola [...] assim que ele conseguia se livrar da companhia desagradável deles, tirava do bolso um livro e começava a ler e meditar até chegar à casa de seu pai, que ficava a um quilômetro e meio de distância. Ele fazia o mesmo enquanto ia caminhando para a escola.[4]

Por diversos anos, Sibbes ia caminhando cerca de um quilômetro e meio no trajeto entre a casa e a escola, que ficava em Pakenham, para ter aulas com Richard Brigs.[5] É praticamente certo que essa era

---

[3] Por exemplo, a imagem de Sibbes em relação à consciência como "uma cunha para mover um pedaço duro de maneira a ser cortado" ("Witness of Salvation" em *Works*, 7:375), ou sua apresentação de "um homem fora de Cristo" como "uma pedra fora do fundamento, deixada de lado, sendo jogada de um lado para o outro" ("Yea and Amen; or, Precious Promises", em *Works*, 4:123).

[4] Richard Sibbes, "Judgment's Reason", em *Works*, 1:cxxxv.

[5] Brigs frequentou a St. John's College da Universidade de Cambridge, onde concluiu seu mestrado em 1585; é provável que Pakenham tenha sido o local do primeiro emprego de Brigs depois de deixar a Universidade de Cambridge. Ele se tornou professor na Norwich Grammar School [Escola de Gramática de Norwich] em 1598, onde permaneceu até a sua morte, em 1636.

uma escola básica, em que o pároco ensinava as crianças de sua paróquia (e talvez das paróquias mais próximas) a ler.[6]

Depois de frequentar a escola de Brigs, talvez já em 1587, Sibbes passou a caminhar até a Edward VI Free School em Bury St. Edmunds, que ficava a mais de seis quilômetros de distância. Os registros históricos não deixam claro como Sibbes passou a estudar lá: o artigo 45 do estatuto da escola dizia que "os filhos dos pobres serão recebidos nesta escola antes dos demais", mas não sabemos se essa cláusula se aplicava a Sibbes.[7] Quase todo o processo educacional na Escola Livre consistia em memorizar e recitar o Credo Apostólico, a Oração do Senhor e os Dez Mandamentos em inglês e latim. Por meio das recitações, eles também aprendiam latim e grego, lendo obras de Erasmo, Ovídio, Cícero, Virgílio e outros.[8] Os regulamentos chegavam a ponto de exigir que "os estudantes não poderão ser dispensados da escola para cumprir suas obrigações sem recitar, na saída, três palavras em latim e, na entrada, mais três palavras".[9] A única recreação permitida era atirar flechas. Não causa surpresa que, quando Sibbes queria uma ilustração que contrastasse com a precisão dos juízos de Deus, dizia que os juízes de Deus não são como "crianças atirando suas flechas aleatoriamente".[10] Nos dias de semana, as aulas começavam às seis da manhã e terminavam às cinco da tarde, e aos sábados e feriados, terminavam às três da tarde.

John Wright tornou-se professor da escola em 1583, depois de uma controvérsia que resultou na expulsão de um professor anterior, que fora acusado de heresia — provavelmente por ser católico

---

6   Essas escolas não eram institucionalizadas e há pouca evidência documental de sua existência, exceto pelas referências em relatos históricos, como o relato de Catlin sobre Sibbes. Cf. Wrightson, 185; Barry Coward, *The Stuart Age* (London: Longman, 1980), 59.
7   Confira Wrightson, 189.
8   "March 12, 1583[4] Statutes of King Edward VI Free Grammar School at Bury St. Edmunds" (Suffolk County Records Office, E5/9/201.7), 22.
9   "Estatutos", número 66, 16.
10 "Judgment" em *Works*, 4:78.

romano. Portanto, é provável que Wright tenha sido cuidadosamente examinado pelos aristocratas piedosos da região. A importância disso não pode ser subestimada: desde a época em que Sibbes estudou em Bury e depois em Cambridge, as controvérsias religiosas eram um importante componente do contexto de seu labor acadêmico.

Durante todos esses anos, a família de Richard prosperou através da fabricação de rodas de carruagem, da agricultura e até das terras que possuía (alugando casas e outros bens em Thurston e Pakenham). Embora Paul Sibbes fosse um próspero proprietário de terras, o pai de Richard via seus estudos como um peso financeiro. O estatuto da Escola Livre em Bury exigia que os pais pagassem quatro pence para "inscrever o nome de seu filho" e que providenciassem "papel, faca, canetas, livros, velas para o inverno e todas as demais coisas que, a qualquer momento, podem vir a ser necessárias para a manutenção de seu filho", incluindo o arco e as flechas para a recreação.[11] A relutância de Paul Sibbes em custear a educação de seu filho é evidenciada por um comentário em seu testamento de que ele teve "grandes despesas" com os estudos de Richard.[12]

CONTEXTO RELIGIOSO

Durante os reinados de Henrique VIII, Eduardo XVI e Mary I, o governo da Igreja esteve sujeito a violentas oscilações, contra e a favor da comunhão com Roma. Sob Elizabeth I, o Parlamento agiu para resolver o problema do governo da igreja, o que resultou no que se chama "establishment religioso elizabetano".

---

11 "March 12, 1583[4] Statutes of King Edward VI Free Grammar School at Bury St. Edmunds" (Suffolk County Records Office, E5/9/201.7), 25.

12 Testamento de Paul Sibbes, W1/67/176, Suffolk County Records Office, Bury St. Edmunds. Apêndice II é uma transcrição desse testamento. Por causa de uma leitura equivocada da biografia escrita por Catlin, Grosart sugeriu que Paul Sibbes morreu em algum momento de 1608. Seu testamento (redigido em janeiro de 1610 e validado no dia 15 de fevereiro de 1610) deixa claro que Paul Sibbes morreu em 1610 [1611].

O establishment formou-se a partir de dois atos do Parlamento: o Ato de Supremacia de 1558, que restabeleceu a independência da Igreja da Inglaterra em relação a Roma e reconheceu o soberano britânico como o cabeça da Igreja; e o Ato de Uniformidade de 1559, que estabeleceu a obrigatoriedade do uso do Livro de Oração Comum no culto. Aqueles que se submeteram aos Atos, especialmente ao Ato de Uniformidade, são chamados *conformistas*. Aqueles que não se submeteram, especialmente por causa de aspectos do Livro de Oração Comum que alguns achavam que tinham características do catolicismo romano, são chamados *não conformistas*. Muitos daqueles que são conhecidos como puritanos (porque queriam purificar a Igreja inglesa) eram não conformistas. Alguns continuaram na Igreja tentando incentivar mais reformas: outros, conhecidos como separatistas, saíram ou foram expulsos.

O establishment afetou quase todos os aspectos da vida elizabetana. Afetou os estudos de Sibbes. Seus estudos continuaram por causa do patrocínio de alguns homens da região que tomaram conhecimento dele.[13] Na Ânglia Oriental, especialmente em Suffolk, não era raro que os pregadores se alinhassem, em alguma medida, com o não conformismo. Um desses pregadores era Leonard Graves, o pároco em Thurston de 1589 a 1609, o qual foi repreendido por não usar com regularidade a sobrepeliz, uma veste sacerdotal.[14]

O establishment religioso elizabetano mostrou-se controverso, mas foi introduzido em um tempo de relativa paz religiosa na Inglaterra. Contudo, sempre havia alguma agitação sectária que, ocasionalmente, crescia em notoriedade. Em 1593, quando o establishment entrou na quarta década, foram aprovados atos no Parlamento contra os puritanos e contra os católicos romanos. No

---

13 Wrightson, 58ff.
14 A revolta contra o uso da sobrepeliz foi "especialmente notável sob a jurisdição do arcediago de Suffolk" (J.F. Williams, ed., *Diocese of Norwich: Bishop Redman's Visitation, 1597: Presentments in the Archdeaconries of Norwich, Norfolk and Suffolk* [Norwich, England: 1946], 19).

ano de 1595, aconteceu um dos raros casos de execução por heresia durante o reinado de Elizabeth: no dia 7 de abril, o jesuíta Henry Walpole foi enforcado por heresia.

TUMULTO RELIGIOSO EM CAMBRIDGE

A década de 1590 foi um período de muitas brigas religiosas na Inglaterra e a Universidade de Cambridge, na época em que Sibbes estudou lá, não estava livre disso. Cambridge estava dividida em seus posicionamentos teológicos. Entre seus líderes e instrutores, havia desde os mais firmes defensores do calvinismo até alguns proponentes do arminianismo. A universidade na qual Sibbes entrou era um ambiente em que os acadêmicos podiam ouvir uma grande variedade de interpretações do evangelho protestante. Em 1595, John Whitgift, o arcebispo de Cantuária, teve de intervir em uma controvérsia sobre predestinação. Whitgift formulou uma série de declarações intituladas "Artigos de Lambeth", um resumo do entendimento calvinista sobre predestinação.

Em 1595, Richard Sibbes matriculou-se na St. John's College, Cambridge, onde William Whitaker, um calvinista que ajudou a formular os Artigos de Lambeth, era mestre. A St. John's College teve uma história de fervoroso protestantismo, incluindo uma reunião secreta na faculdade que alguns consideravam um presbitério. Peter Lake escreveu que, "no início da década de 1590, a St. John's College estava dividida em grupos mutuamente exclusivos e antagônicos",[15] e Whitaker era um dos principais responsáveis.

Logo depois da chegada de Sibbes, a St. John's College ficou sem seu mestre; ao voltar para Cambridge de Lambeth no dia 4 de dezembro de 1595, Whitaker "caiu doente",[16] morreu e foi sepultado

---

15 Peter Lake, *Moderate Puritans and the Elizabethan Church* (Cambridge, England: Cambridge University Press, 1982), p. 191.
16 Mullinger, 74.

seis dias depois. Em poucos dias, doze *fellows* escreveram para o Sir William Cecil, Lorde Burleigh — o poderoso secretário de confiança de Elizabeth — reclamando do estado de calamidade em que a faculdade se encontrava.

A eleição de um sucessor para Whitaker foi difícil e envolveu diversos candidatos. No final, Richard Clayton, mestre da Magdalene College e ex-*fellow* de St. John's College, foi o único candidato aceitável por todas as partes; assim, um mês depois da morte de Whitaker, Clayton foi eleito mestre de St. John's College. O sucessor de Whitaker nutria menos simpatia do que ele pelos partidários de uma reforma mais radical. Sibbes entrou em um cenário em que os sermões, as preleções e as conversas nos corredores certamente giravam em torno de questões relacionadas ao conformismo religioso, com implicações que iam além das vestes do pároco de Thurston.

Dentro da universidade, a controvérsia também continuou. Peter Baro, professor da cátedra de Teologia Lady Margaret, pregou um sermão na universidade (temos boas razões para supor que Sibbes estava presente) em janeiro de 1596, no qual falou diretamente contra os Artigos de Lambeth. Naquela semana, ele foi convocado para se apresentar diante dos chefes das casas e, na semana seguinte, diante do tribunal do consistório. Roger Goad, diretor na King's College e vice-chanceler, debateu com Baro, mas não tinha certeza sobre o que fazer com ele. Então, ele escreveu para o Lorde Burleigh, para pedir conselhos e, em sua resposta, Burleigh se opôs ao tratamento que Baro recebeu e até concordou com ele em relação aos pontos da controvérsia. Isso deixou os chefes das casas assustados; depois de várias semanas de deliberação, eles responderam a Burleigh opondo-se ao "papismo" nas preleções e nos ensinamentos de Boro. Quanto mais a polêmica crescia, menos certeza Baro tinha de sua posição e, no outono do segundo ano de Sibbes, ele renunciou e fugiu de Cambridge. Thomas Playfere, um *fellow* da St. John's College, foi eleito para sucedê-lo.

A controvérsia em torno do calvinismo permaneceu por todo o tempo em que Sibbes esteve em Cambridge. Em 1597, William Barrett, capelão da Gonville and Caius College e oponente do calvinismo, fugiu de Cambridge para o continente, a fim de se unir à Igreja Católica Romana, com medo das consequências de seus desvios doutrinários. Em 1599, John Overall, mestre da Katharine Hall, professor da Cátedra Regius de Teologia e um crítico dos Artigos de Lambeth, teve seus ensinamentos atacados por Robert Some, mestre de Peterhouse.

No período elizabetano, Cambridge era reconhecida como uma das melhores universidades da Europa, removida da obscuridade pelas convulsões da Reforma. Academicamente, grande parte da graduação de Sibbes consistia em clássicos latinos e gregos, retórica e lógica. Seus últimos dois anos seriam complementados com a leitura de Aristóteles, assistindo a debates e dispensando especial atenção à filosofia moral, natural e metafísica.[17] Passava-se a maior parte do tempo estudando nos próprios aposentos, na sala do tutor e em reuniões com outros alunos.[18] Havia preleções e as tardes de sábado eram dedicadas à catequese na capela da faculdade.[19]

Como estudante de graduação, Sibbes era sustentado pelo pai com pouco mais de oito libras por ano; isso era complementado com uma ajuda adicional de Knewstub e Graves e por sua condição de *sizar* na faculdade.[20] Como um *sizar*, Sibbes novamente experimentou os benefícios do patrocínio: um *sizar* era "alguém que era beneficiado somente indiretamente pelas doações da faculdade. Às vezes, recebiam um quarto e estudavam de graça, mas estavam ligados a um

---

17 Para mais informações sobre um típico curso de bacharelado para um estudante da Universidade de Cambridge nessa época, confira John Twigg, *A History of Queens'College, Cambridge 1448-1986* (Cambridge, England: Boydell, 1987), p. 98.

18 Twigg, 94.

19 Cf. "An. 1588. Maii 17. A Decree, by Will. Whitaker, Master, and the seniors", publicado em *Reports from the Select Committees: Education of the Lower Orders* (London: 1818), 4:405.

20 "Caitlin Memoir", em *Works*, 1:xxxxv.

fellow ou um *fellow-commoner* da faculdade, que, em troca de algum tipo de serviço, ajudava-os a se manter. O serviço e a ajuda eram livremente acordados pelas partes interessadas".[21]

Em um sermão, Sibbes observou que algumas palavras em Romanos 11, "deve nos incitar a participar avidamente daquilo que Cristo providenciou, porque nós não sabemos quando a mesa será recolhida. Quando os homens veem que os pratos estão sendo recolhidos, ainda que tenham passado boa parte do jantar conversando, passam a comer rapidamente".[22] Essa cena de homens apressando-se para terminar o jantar estaria naturalmente gravada na mente de Sibbes, pois, habitualmente, ele comeu em refeitórios públicos pela maior parte de sua vida. Durante sua temporada em Cambridge, ele certamente foi encarregado de servir as mesas; as outras obrigações eram provavelmente tarefas subalternas designadas pelo *fellow*. Isso não quer dizer que um *sizar* se encontrasse em uma posição humilhante; com frequência, essa era a principal maneira que um estudante tinha de se manter; do contrário, muitos não teriam condições de estudar. Mas, fosse qual fosse a natureza da posição de Sibbes como *sizar*, isso foi suficiente para que ele conseguisse seu primeiro diploma universitário.

Quando Sibbes se formou na St. John's College, em 1599, a Inglaterra estava passando por transformações. No mesmo ano, Burleigh, que era favorável a uma reforma moderada na nação, na igreja e na universidade, faleceu. Com a morte de Burleigh e também de Elizabeth e Whitgift nos anos seguintes, saíram de cena aqueles que, acima de quaisquer outros, haviam sido os responsáveis pela manutenção do establishment elizabetano nas quatro décadas anteriores.

---

21 R.F. Scott, "Some Aspects of College Life in Past Times", *The Eagle*, 162; rep. em Scott, *Notes from the Records of St. John's College*, Cambridge, 4th series (privately printed: 1913-34), item XI. Cf. Twigg, 89ff.
22 "Bowels Opened", em *Works*, 2:35.

Mas isso foi depois do período inicial de Sibbes em Cambridge. Em seus primeiros anos como estudante, os Artigos de Lambeth, embora desprezados por muitos, criavam uma clara atmosfera de calvinismo soteriológico que a Igreja da Inglaterra e as universidades adotavam e ensinavam. Sem dúvida, o futuro conformismo de Sibbes seria influenciado pelo patrocínio que ele desfrutou e pelas controvérsias que ele observou enquanto era estudante na St. John's College.

CAPÍTULO 2

Sibbes e o conformismo

Duas semanas depois da morte de Elizabeth I, James VI da Escócia viajou de Edimburgo para subir ao trono da Inglaterra como James I. Herdeiro do trono da Inglaterra através de sua bisavó Margaret Tudor (irmã do pai de Elizabeth, Henry VIII), James foi recebido com grande expectativa e entusiasmo ao longo do caminho, graças ao alívio que a nação sentia por causa da sucessão ordeira e pacífica.

Durante sua viagem, no mês de abril de 1603, James foi informado, por meio da Petição Milenar,[1] sobre uma esfera de seu reino que causava insatisfação. Um grupo de puritanos preparou uma petição para se queixar junto ao rei a respeito do estado da Igreja Anglicana. James ouviu suas reclamações na Conferência de Hampton Court em janeiro de 1604 e, posteriormente, disse que ficou com "a impressão de que os

---

1 Republicado em J.P. Kenyon, *The Stuart Constitution: Documents and Commentary*, 2nd ed. (Cambridge, England: Cambridge University Press, 1986), pp. 117-119.

puritanos eram agitadores e conspiradores [...] mas não que suas exigências fossem sérias. Quanto mais moderadas e triviais fossem suas exigências, menos desculpa haveria para perturbar a paz e a unidade da Igreja".[2]

Após receber as reclamações dos puritanos, James exigia que obedecessem às leis da Igreja, conforme expressas nos recém-formulados Cânones de 1604. A causa específica de "tanta controvérsia e insatisfação na Igreja"[3] eram três artigos do Cânon 36, o qual afirmava a supremacia do rei da Inglaterra sobre a Igreja e declarava que o Livro de Oração Comum e a estrutura da Igreja da Inglaterra não eram contrários à Palavra de Deus, que o próprio rei "usará a forma prescrita pelo livro supracitado, e nenhum outro, para as orações públicas e para a administração dos sacramentos" e que os 39 artigos eram bíblicos.

Os cânones requeriam subscrição, através de uma assinatura. Ao reafirmar os termos dos Atos de Supremacia e de Uniformidade, os Cânones de 1604 tornaram-se um novo padrão de conformidade. Deixar de se conformar, mesmo depois da subscrição, era motivo para suspensão e, "em casos de obstinação", excomunhão.[4]

A campanha pela Conformidade que se seguiu "marcou o fim do movimento puritano na forma de um esforço concentrado dentro da Igreja para alterar os termos fundamentais do *establishment* elizabetano por meios políticos".[5] Havia outras maneiras de se conseguir a reforma da Igreja, inclusive o

---

2   Patrick Collinson, "The Jacobean Religious Settlement: The Hampton Court Conference", em *Before the English Civil War*, ed. Howard Tomlinson (London: Palgrave, 1983), p. 44. Cf. Kenneth Fincham e Peter Lake, "The Ecclesiastical Policy of King James I", *Journal of British Studies* (April 1985): 24:171.

3   Stephen Egerton, "Address to Convocation, urging a revision of the newe booke of common prayer", citado em S.B. Babbage, *Puritanism and Richard Bancroft* (London: SPCK, 1962), p. 79.

4   Cânone 38.

5   Collinson, "Jacobean", 45. Cf. Patrick Collinson, *The Elizabethan Puritan Movement* (London: Oxford University Press, 1967), 448-67; Peter Clarke, "Josiah Nichols and religious radicalism 1553-1639", *Journal of Ecclesiastical History* (April 1977), XXVIII/2:145-50.

treinamento de jovens ministros nas universidades. Um ex-*fellow* de Cambridge, refletindo sobre o papel proeminente de sua *alma mater*, escreveu que "a Universidade de Cambridge é, ou deveria ser, como um olho sobre toda a nossa terra, de modo que todas as partes sejam afetadas pelas alterações que acontecem lá".[6] Mas Cambridge mudou junto com a Igreja nacional. Sir Robert Cecil sucedeu o Conde de Essex como chanceler. Se ele não era menos protestante, certamente era muito mais usado como instrumento nas mãos da rainha do que Essex. As mortes dos principais líderes puritanos — William Perkins (1602) e Thomas Cartwright (1603) — também sinalizaram para o fato de que a Igreja estava mudando. Porém, mais alarmante ainda foi o fato de o novo rei ter afirmado, em seu discurso de inauguração do primeiro Parlamento, no dia 19 de março de 1604, que a Igreja de Roma era uma "Igreja verdadeira, mas corrupta".

Enquanto as fronteiras da Conformidade mudavam e faziam pressão sobre muitas consciências piedosas, também se expandiam e passaram a incluir muitos que defendiam opiniões que antes não seriam consideradas aceitáveis em uma Igreja Reformada. Em 1605, o bispo William Chaderton de Lincoln foi pressionado a silenciar Arthur Hildersham por não conformismo. Cinco anos depois, o vice-chanceler da corte ordenou que Nicholas Rushe repudiasse um sermão puritano que ele havia pregado e, quando ele desobedeceu à ordem, foi expulso da faculdade e da universidade. Esse era o clima da Igreja no início da dinastia Stuart, e as mudanças na Igreja nacional foram sentidas em Cambridge.

---

6   William Ames, prefácio para Paul Baynes, *The Diocesans Triall* (London: 1621), p. 2. Cf. Rosemary O'Day, *The English Clergy: The Emergence and Consolidation of a Profession 1558-1642* (Leicester, England: 1979), pp. 138-142; Charles Carlton, *Archbishop William Laud* (London: Routledge & Kegan Paul, 1987), p. 138; Victor Morgan, "Cambridge University and 'The Country' 1560-1640" em *The University in Society*, Lawrence Stone, ed. (London: Oxford University Press, 1975), 1:225-43.

CARGOS EM CAMBRIDGE

Contudo, Sibbes estava em Cambridge havia dez anos antes de James subir ao trono. A Universidade de Cambridge que Sibbes conhecia era a Cambridge do fim do reinado de Elizabeth, contando com Burleigh como chanceler e com a presença de homens como William Whitaker, William Perkins, William Ames, Paul Baynes e Robert Some. Quando James subiu ao trono, Sibbes já havia concluído seu bacharelado e seu mestrado, depois de ser admitido como um dos nove *Foundress Fellows* da St. John's College por sua terra natal, Suffolk. Embora ser admitido como *fellow* fosse um sinal de boa carreira universitária no início do século XVII, também poderia indicar outras perspectivas imediatas.

Ao mesmo tempo, parece que Sibbes era um *fellow* engajado e bem-sucedido, servindo em diversos cargos na faculdade, inclusive em cargos de capelania.[7] Através desses cargos, Sibbes simplesmente ganhava uma renda extra e talvez tivesse obrigações regulares na capela, mas não deixava de ser uma honra, por causa do número limitado de capelania na faculdade. Como um subleitor em 1603, a principal função de Sibbes seria ajudar o leitor principal (e os outros também) com os preparativos e talvez, ocasionalmente, substituindo-o. Como examinador por quatro anos, Sibbes diariamente fazia perguntas aos estudantes de graduação sobre retórica (clássicos), dialética (lógica), matemática ou filosofia. Para Sibbes, St. John's College era um campo de treinamento de teologia reformada, exercido com moderação política.

Em seus últimos anos de residência, Sibbes foi eleito para três dos mais importantes cargos da faculdade: no ano de 1615, para o

---

7   Os registros dos cargos de Sibbes na faculdade podem ser encontrados primariamente não nos registros da faculdade, mas nos livros que a faculdade emprestou no período de 1600-1618 (SJ-CArchives SB4.3) e 1619-1633 (SJCArchives SB4.4). Quase todos esses cargos decorriam de eleição anual do mestre e dos seniores.

cargo de deão sênior e leitor *domesticus* da faculdade[8] e, como deão sênior, ele teria autoridade final na administração (além dos mestres e dos seniores) de todos os aspectos da vida dos estudantes, desde a matrícula até a cerimônia de formatura, incluindo a vida social, moral, acadêmica e religiosa deles. Compreende-se menos o cargo de leitor *domesticus*, mas talvez deva ser identificado com o cargo de leitor principal da faculdade. Se esse for o caso, Sibbes dava aulas durante toda a semana sobre diversos assuntos. Esses cargos não somente colocavam Sibbes em contato direto com o funcionamento da faculdade, como também permitiam que ele interagisse com visitantes proeminentes — inclusive o próprio rei.

Em 1617, Sibbes se mudou para Londres, para assumir o cargo de pregador na Gray's Inn, uma das associações jurídicas da Inglaterra. Contudo, ele não rompeu seus laços com a Universidade de Cambridge e, em 1619, foi eleito *fellow sênior* da St. John's College, uma posição que permitia que ele exercesse autoridade sobre a faculdade, junto com o mestre da faculdade e os outros *fellows seniores*.[9] Os *fellows seniores* e o mestre tinham participação nos dividendos da faculdade — cerca de oito vezes mais do que os *fellows juniores*. Conhecer os cargos de Sibbes na St. John's College ajuda a explicar por que, posteriormente, ele foi eleito mestre da Katharine Hall, em Cambridge. Considerando os outros cargos que Sibbes teve, ser um *fellow* da St. John's College naturalmente faria dele um provável candidato ao cargo de mestre de uma faculdade.

Na esfera mais ampla da vida universitária, Sibbes serviu como *taxor* para a universidade em 1608, com a responsabilidade de averiguar se estavam sendo usados pesos e medidas justos pelos

---

8   Segundo Baker, os cargos de leitor e deão costumavam ser ocupados por "homens de erudição", enquanto outros cargos, como o de tesoureiro, eram ocupados por "homens de negócios" (Baker, 1:206).

9   Sobre os Estatutos de 1580, confira James B. Mullinger, *St. John's College* (London: 1901), pp. 67-71. Cf. Miller, 29-34.

comerciantes da cidade quando vendiam para os estudantes. Esse cargo era normalmente ocupado por alguém que estava fazendo da universidade sua carreira. Através desse cargo e da ordenação, Sibbes subiu na escala social e passou a integrar a alta classe. Assim, Sibbes fez parte das rápidas mudanças sociais havidas no fim do reinado de Elizabeth e no início da dinastia dos Stuart.[10] Seu avô tinha sido um simples operário; seu pai, um pequeno proprietário rural; Richard Sibbes, por sua vez, foi um nobre — ou pelo menos um acadêmico.

CONVERSÃO

No entanto, para Sibbes, a Universidade de Cambridge não foi somente o lugar de sua carreira, mas também o lugar de sua conversão. A Cambridge Elizabetana tinha muito a oferecer para quem quisesse levar a religião a sério — desde sermões regulares até a administração mensal da ceia e as orações realizadas por causa dos surtos de peste. Em algum momento, provavelmente logo depois de se tornar *fellow*, Sibbes foi "mudado": "Aprouve a Deus convertê-lo através do ministério do mestre Paul Baines, enquanto ele era preletor na St. Andrews College em Cambridge".[11] Baynes era, como Sibbes descreveu após a sua morte, "inteligente e tinha um discernimento afiado: embora suas meditações fossem mais densas do que o comum, ele tinha uma boa didática e, como amava fazer o bem, explicava os pontos mais difíceis com ilustrações de fácil entendimento".[12] Posteriormente,

---

10 Keith Wrightson, *English Society 1580-1680* (London: Routeledge, 1982), pp. 17-38.
11 Samuel Clarke, "The life of Doctor Sibs", em *A general martyrologie, containing a collection of all the greatest persecutions which have befallen the church of Christ... Whereunto is added the lives of thirty-two English Divines*, 3rd ed. (London: 1677), p.143. Essa é a única declaração contemporânea sobre a conversão de Sibbes.
12 Sibbes, "To the Reader" em Paul Paul Baynes, *A Commentary Upon the First Chapter of the Epistle... to the Ephesians*, rep. em *Works*, 1:lxxxv. Confira também Keith Sprunger, *The Learned Doctor William Ames: Dutch Backgrounds of English and American Puritanism* (Urbana, Ill.: University of Illinois Press, 1972), 37, 192-93.

Sibbes escreveu: "Enquanto o ministro fala ao ouvido, Cristo ao mesmo tempo fala, abre e destranca o coração; o coração se abre, não por seu próprio poder, mas pelo poder de Cristo".[13] Não há evidência de que essa conversão tenha sido dramática; aliás, o fato de Sibbes nunca mencionar a própria conversão e suas referências constantes à natureza gradual da conversão talvez sejam porque ele estava entre os que "se mantiveram afastados das poluições e dos pecados mais grosseiros da época. É do agrado de Deus que a fé venha sobre eles, embora, no momento, eles não saibam como".[14]

No dia 21 de fevereiro de 1608, Sibbes foi ordenado diácono e sacerdote da Igreja da Inglaterra, aos 30 anos. Não está claro por que ele esperou mais de seis anos depois de chegar à idade canônica para a ordenação. Uma possibilidade é que ele não se considerava convertido até depois de 1602. Se ele, de fato, apresentou cartas de recomendação de pessoas "confiáveis" que conheciam sua vida e seu comportamento nos três anos anteriores (como alguns precisavam fazer, de acordo com o cânone 34), talvez ele tenha preferido esperar três anos após a sua conversão — o que sugere que ele se converteu em 1605. Também é possível que, por causa da correria dos negócios da faculdade e da vida acadêmica, tenha levado mais tempo até ele tomar a decisão de ser ordenado ou de buscar a ordenação depois de já ter decidido. Embora ser ordenado diácono e sacerdote no mesmo dia fosse algo oficialmente proibido (como eram proibidas as ordenações nos domingos após as Têmporas), era uma prática comum — aliás, Sibbes foi ordenado no mesmo dia que outros oito jovens, e ele não foi o único a receber os dois ofícios simultaneamente.

---

13 "Bowels Opened", em *Works*, 2:63; cf. "Fountain", em *Works*, 5:469.
14 "Witness", em *Works*, 7:375-76.

Depois de ordenado, Sibbes rapidamente tornou-se conhecido como um bom pregador entre o pessoal de Cambridge.[15] Ele também teria oportunidade de pregar ou de fazer preleções na cidade ou em igrejas do interior.[16] Os registros da St. John's College afirmam que Sibbes foi eleito pregador da faculdade no dia 1º de março de 1609 e que ele continuou a exercer esse cargo durante o tempo em que foi *fellow*.[17] Como ele não pode ter começado a pregar antes de fevereiro de 1608, é certo que a fama de Sibbes começou principalmente por causa dos sermões que ele pregava na capela da faculdade.

Em 1610, Sibbes foi reconhecido tanto pela universidade como pela cidade de Cambridge. Ele se tornou bacharel em divindade, o que exigia que ele pregasse um sermão público em inglês e outro em latim na universidade; que ele dedicasse duas horas para responder a perguntas enviadas por membros da universidade sobre dois pontos teológicos e que respondesse a outra pessoa sobre dois assuntos diferentes, no mesmo lugar, em dias diferentes; todas essas atividades aconteciam dentro de um ano.[18] Ele também foi convidado para responder a perguntas nas cerimônias de formatura, defendendo duas posições que eram comuns entre os puritanos moderados de sua época.

O segundo reconhecimento, que é muito mais significativo para moldar a percepção que o historiador tem de Sibbes, foi o da cidade. O pastor, os administradores da igreja e outros vinte e nove paroquianos da Igreja da Santíssima Trindade, financiados por doações públicas, promoveram uma série de preleções. No dia 22 de novembro, eles escreveram o seguinte para Richard Sibbes:

---

15 "Caitlin Memoir", em *Works*, 1:xxxxv.
16 Uma das reclamações de William Whitaker, vinte anos antes, em relação a outro colega da St. John's College, Everard Digby, foi que "ele nunca prega sermões sem que seja por obrigação, nem em Cambridge nem em qualquer outro lugar, até onde sabemos". Carta de William Whitaker ao Lorde Burleigh, 26 de outubro de 1590, Biblioteca de St. John's College.
17 Arquivos da St. John's College SB4.4.
18 William Harrison, *The Description of England*, ed. G. Edelen (Ithaca, N.Y.: 1968), p. 73.

Ao Sr. Sibbes, pregador público da cidade de Cambridge.

Nós, cujos nomes estão subscritos — os administradores da igreja e os paroquianos da paróquia da Trindade em Cambridge —, plenamente autorizados pelo Sr. John Wildbore, nosso ministro, levando em conta as condições inapropriadas do lugar em que você costuma pregar e desejosos de cooperar para que um público maior seja beneficiado por seu ministério, convidamos você para pregar em nossa igreja paroquial no dia e no horário costumeiros. E, estando assim justas e contratadas, as partes subscrevem no dia 22 de novembro de 1610.
John Wildbore, Ministro.
Edward Almond,
Thomas Bankes, Administradores da Igreja
[Assinado também por 29 paroquianos][19]

Sibbes é chamado "pregador público da cidade de Cambridge" não em referência à sua posição anterior de preletor público,[20] mas porque ele era um pregador público (ou seja, ele pregava em inglês, e não em latim) na cidade de Cambridge. A parte que menciona "as condições inapropriadas do lugar em que você costuma pregar" e o desejo "de cooperar para que um público maior seja beneficiado por seu ministério" é intrigante. O decreto sobre "sermões públicos" parece deixar claro que "o lugar em que você costuma pregar" era a capela na St. John's College. Não é de surpreender que os moradores da cidade considerassem a capela de uma faculdade inapropriada para preleções populares, pois era muito pequena e tinha poucos assentos para o grande público. Se era lá ou em outro lugar,

---
19 C.H. Cooper, *Annals of Cambridge* (Cambridge, England: 1845), 3:229.
20 Como J. Barton sugeriu em "Notes on the Past History of the Church of Holy Trinity, Cambridge", *Cambridge Antiquarian Society Communications* (Cambridge, England: 1869-70), 4:319.

os paroquianos entendiam que o lugar era menos conveniente do que a igreja da Santíssima Trindade. "O dia e o horário costumeiros" correspondiam ao domingo, à uma hora da tarde, o mesmo horário da preleção universitária na igreja de Santa Maria e, de forma mais significativa, o mesmo lugar em que os moradores da cidade provavelmente tinham ouvido Sibbes pregar "sermões públicos" na capela da St. John's College. Por todo esse trabalho, Sibbes receberia 40 libras por ano, financiado por doações públicas.

Duplamente Destituído em Cambridge?

O retrato de Sibbes que chega a nós é o de um pregador do início da dinastia dos Stuart que não aprovava nem praticava o costume de se ajoelhar para receber a comunhão, não usava a sobrepeliz e não fazia o sinal da cruz no batismo, mas, ainda assim, permaneceu na Igreja estabelecida. Ele é apresentado como um ministro respeitado, mas perseguido; como alguém que foi privado de dois cargos, censurado e silenciado. Assim, Sibbes tornou-se um modelo para inúmeros discípulos que tinham divergências com a Igreja da Inglaterra. Supõe-se que ele só foi capaz de preservar seu ministério em Gray Inn por quase duas décadas por causa do poder de seus amigos advogados e de seus patronos nobres.

Após a sua morte, praticamente todos os seus escritos foram identificados com os não conformistas, e Sibbes passou a ser lido com lentes separatistas. Embora ele fosse lembrado como defensor de uma teologia reformada robusta, era especialmente admirado pela moderação por seus seguidores. Sibbes estava acima das confusões de sua época e tinha como objetivo "preservar os elementos vitais e essenciais da religião, para que as almas dos ouvintes ficassem fascinadas com a beleza e a glória interior de Cristo, sendo conduzidas a um conhecimento experimental das verdades celestiais, e para que seus espíritos não evaporassem e perdessem as forças com infinitas questões confusas, que não trazem edificação para a alma".²¹ Então, a percepção que se tem de Sibbes continua a mesma: o paradoxo de uma carreira tumultuada e cheia de conflitos, e de seus escritos tão "doces" e gentis.

Em sua introdução a Sibbes, *The Glorious Feast of the Gospel*, Arthur Jackson escreveu que "nada precisa ser dito sobre o autor [...] sua memória é altamente honrada entre os piedosos".²² A fama de Richard Sibbes decorria, em grande parte, da lembrança de seus conflitos e sofrimentos para ser um conformista piedoso. Tendo Laud como seu antagonista, Sibbes fazia parte de um grupo de teólogos eminentes que foram "conduzidos à Corte da Alta Comissão e foram perseguidos e silenciados por um tempo, com base em seus [de Laud] frívolos pretextos. Na verdade, era porque eles eram os principais defensores de nossa religião protestante e contra as inovações papistas e arminianas".²³ De fato, Laud chegou a incomodar Sibbes em Londres por seu envolvimento na circulação de uma carta que foi considerada politicamente inapropriada e por seu envolvimento como líder dos Feudatários para Impropriações, uma organização dos puritanos.

Mas o retrato da perseguição contra Sibbes era mais amplo do que isso e incluía sua época na Universidade de Cambridge. Em sua biografia de John Preston, Thomas Ball relatou que Sibbes se refugiou em Gray's Inn depois de ser "removido tanto de sua posição de *fellow* como da posição de preletor na universidade".²⁴

Será que isso realmente aconteceu com Sibbes? Em nenhuma das biografias de Sibbes, nem nas introduções aos trinta volumes de

---

21 Simeon Ash, James Nalton e Joseph Church, "To the Reader" em Sibbes, *A Heavenly Conference Between Christ and Mary after His Resurrection* (London: 1654); rep. Em *Works*, 6:415.
22 Arthur Jackson, James Nalton e William Taylor, "To the Reader" em Sibbes, *The Glorious Feast of the Gospel* (London: 1650); rep. em *Works*, 2:442.
23 William Prynne, *Canterburies Doome* (London: 1646), p. 362.
24 Thomas Ball, "Life of the Renowned Doctor [John] Preston", citado em Clarke, *A general martyrologie*, p. 108.

suas obras publicadas postumamente, é mencionado que isso aconteceu. A biografia de Sibbes, escrita por Zachary Catlin a pedido do Sir William Spring, em 1652, não menciona seu cargo de preletor na Igreja da Santíssima Trindade. A outra biografia contemporânea de Sibbes foi escrita por Samuel Clarke — "The Life of Doctor Sibbes" – publicada em *A general martyrologie* (1652). Essa breve obra baseou-se no conhecimento que o próprio Clarke tinha, em informações adquiridas através das introduções às obras de Sibbes e em conversas com William Gouge — uma fonte especialmente importante, pois, se isso realmente tivesse acontecido com Sibbes, como amigo de Sibbes e pregador de seu sermão fúnebre, ele certamente saberia, especialmente se essa tivesse sido a razão de sua mudança de Cambridge para Londres.[25] Contudo, Clarke não diz nada sobre isso, mesmo depois de editar, no ano anterior, a biografia de Preston, em que se diz que ele foi removido das duas posições.

Aliás, nenhuma biografia de Sibbes do século XVII menciona essa remoção; o único relato a esse respeito aparece como um comentário rápido na biografia de John Preston, escrita em 1650. Quais são as chances de essa informação adicional relatada por Ball ser mais precisa do que o conhecimento que Catlin e Clark tinham? Ou será que o silêncio de Catlin e Clarke põe em dúvida o que Ball diz? Parece improvável que Ball seja mais preciso do que os outros: Ball estava em Cambridge como estudante de graduação no último ano e meio que Sibbes foi preletor na igreja da Santíssima Trindade e saberia da mudança de Sibbes para Londres. Catlin era amigo pessoal de Sibbes e seria surpreendente se ele tivesse omitido a remoção de Sibbes. E Clarke também saberia, caso tivesse acontecido. Com base nessas considerações, devemos nos perguntar se Sibbes realmente foi removido.

---

25 Clarke, em *A general martyrologie*, p. 144, menciona que já tinha conversado com Gouge sobre Sibbes.

Sibbes não foi removido de sua posição de *fellow* na St. John's College em 1615. Já mencionamos que Sibbes foi eleito *fellow sênior* da faculdade em 1619. A faculdade também continuou a pagar seu salário a cada trimestre pelo cargo de pregador na faculdade, além de ajudas de custo, até 1626.

A questão de ele ter sido removido de sua posição de preletor é mais ambígua. É certo que ele começou a fazer preleções na igreja da Santíssima Trindade em novembro de 1610 e que foi escolhido como pregador do Gray's Inn, Londres, em fevereiro de 1617, mas não há razão para aceitar que ele foi removido da posição de preletor no ano de 1615. Essa data foi sugerida por uma leitura equivocada de uma frase, com base em uma suposição equivocada.

A data de 1615[26] para a supressão de sua posição de preletor é duvidosa à luz de um documento para a construção de uma nova galeria na igreja, datado de 4 de março de 1615,[27] e é praticamente impossível à luz de um édito do rei James (que muito provavelmente foi emitido no dia 3 de dezembro de 1616), quando James se reuniu com os mestres de Cambridge para discutir questões eclesiásticas na universidade. A conversa corresponde, com alta precisão, ao édito escrito,[28] que não parece incluir uma supressão das preleções na igreja da Santíssima Trindade, tão somente proibindo as preleções que entrassem em conflito com a catequese nas faculdades[29] — e, como a preleção na igreja da Santíssima Trindade acontecia à uma da tarde, não era afetada pelo édito.[30] Aparentemente, James ex-

---

26 Ou no início de 1616, segundo Grosart.
27 Cambridge Shire Hall, Parish Records, P22/6.2.
28 Public Records Office, *State Papers Domestic*, James I, SP14/89, ff. 113-14. Cf. James' "Memorial", de 12 anos antes (*State Papers Domestic*, James I, SP10/68).
29 Isso acontecia entre as três e as quatro da tarde aos domingos.
30 Confira CUA Mm.1.38, 137, para uma referência em uma carta do visconde Dorchester para o vice-chanceler Butts, datada de 11 de maio de 1630, sobre as preleções na igreja da Santíssima Trindade, em que Dorchester menciona que essas preleções "há muitos anos [...] aconteciam à uma hora da tarde [...]", no mesmo horário da preleção universitária na igreja de Santa Maria. Essa carta foi republicada em Cooper, 3:229-30.

pressou seu desejo de que os estudantes frequentassem a preleção universitária na igreja de Santa Maria, e não em outras, mas isso só foi dito aos alunos e não foi repetido nas diretrizes que os mestres receberam por escrito.[31]

Um memorando datado de 6 de dezembro de 1616 registra a subscrição de Sibbes, com algumas perguntas e hesitação em relação a três artigos problemáticos dos Cânones de 1604. Ele demonstrou preocupação com o sinal da cruz, que ele disse que era perigoso, embora não fosse contrário à Palavra de Deus, sendo, portanto, admissível.[32] Um relato do dia seguinte registra a aparente preocupação de Sibbes de que alguns entendessem, de maneira equivocada, o sinal da cruz no batismo. Novamente, esse relato demonstra que Sibbes subscreveu os cânones.[33]

O fato de Sibbes ter recebido ordens para se conformar e o fato de ser chamado "pregador da cidade" provam que ele ainda estava fazendo preleções na igreja da Santíssima Trindade em dezembro de 1616. Menos de dois meses depois, ele foi escolhido para ser o pregador de Gray's Inn, em Londres. Embora seja possível que Sibbes tenha sido removido posteriormente, em dezembro ou janeiro, parece improvável; não há evidências além da menção de Ball. O que parece, portanto, é que Sibbes não foi removido nem de sua posição de *fellow*, nem de seu cargo de preletor.

Historiadores modernos só podem especular sobre o que levou Ball a relatar esses eventos ou a razão para ele acreditar nessa

---

31 Será que essa foi a ocasião que Thomas Ball mencionou em sua biografia de John Preston: "Mais ou menos no tempo em que a preleção na igreja da Trindade e os sermões na igreja de Saint Andrews foram proibidos, e os acadêmicos foram confinados à igreja de Santa Maria [...]"? Thomas Ball, *The Life of the Renowned Doctor Preston*, E.W. Harcourt, ed. (Oxford, England: 1885), 42-43.

32 CUA Vice Chancellor's Court I.42. f. 202. Confira o relato de Victor Morgan acerca desse incidente em "Country, Court and Cambridge University: 1558-1640: A Study in the Evolution of a Political Culture" (Ph.D. diss., University of East Anglia: 1983), 2:208.

33 CUALett. 11.A.A.8.d.

ocorrência.³⁴ Talvez ele tenha ouvido falar que Sibbes foi convocado para subscrever e que algumas perguntas seriam feitas sobre a questão e que, logo depois, ele se mudou para Londres. Talvez essa seja uma explicação plausível para o que Ball diz sobre Sibbes ter sido "removido tanto de sua posição de fellow como da posição de preletor na universidade", o que acabou servindo de base para esse puritano moderado passar a ser visto como um não conformista.³⁵

De forma irônica, todas essas informações conduzem a uma impressão muito diferente de Sibbes do que aquela que teríamos a partir de seus escritos e do que seus contemporâneos escreveram sobre seu caráter e temperamento. O fato de Sibbes realmente ter subscrito em dezembro de 1616, refuta a ideia de que Sibbes seria um não conformista declarado. Ele era um questionador hesitante; não um dissidente. Contudo, se as remoções não aconteceram, o tom conciliador de seus escritos parece mais consistente com sua pessoa, e seus últimos argumentos se tornam mais compreensíveis. O retrato de Sibbes — como um reformador cauteloso e um puritano moderado — é consistente com o resto de sua vida e de suas atividades em Cambridge e em Londres.³⁶

---

34 A biografia de Ball não é completamente precisa em outros aspectos. Por exemplo, ele disse que Preston foi eleito pregador no Lincoln's Inn, Londres, em 1622, quando John Donne morreu e o posto ficou vago. Contudo, Donne só morreu em 1631. Cf. Irvonwy Morgan, *Prince Charles's Puritan Chaplain* (London: Allen and Unwin, 1957), 117-24.

35 Embora não exista certeza sobre a data em que Ball escreveu a biografia de Preston, parece ter sido muito depois da morte de Preston, em 1628; talvez tenha sido escrita para o livro de Clarke sobre a vida de diversos teólogos modernos, que foi publicado pela primeira vez em 1651 (Samuel Clarke, *A general martyrologie... Whereunto are added the lives of sundry modern divines* [London: 1651]). O erro sobre a data da morte de John Donne, a referência aos "muitos que ainda vivem" e podem dar testemunho da vida de Preston, a menção às mortes de Henry Yelverton e Sibbes, bem como a explicação sobre o que faziam os capelães reais do rei Charles, demonstram que o livro foi escrito muito depois de 1628.

36 Para uma análise mais completa de Sibbes, focando na suposição de ele ter sido removido de seu cargo de preletor na igreja da Santíssima Trindade e de sua posição de *fellow* na St. John's College, leia o artigo do presente autor, "Moderation and Deprivation: A Re-appraisal of Richard Sibbes", *Journal of Ecclesiastical History* (July 1992): 43:396-413.

A COMUNHÃO DOS SANTOS

Um dos aspectos mais marcantes dos sermões de Richard Sibbes são as frequentes e poderosas menções à amizade. "O que faz com que a vida do homem seja confortável? Há uma presença de Deus na comida, na bebida e nos amigos".[37] Comentando Salmos 42.11, vê-se um dos trechos mais belos e apaixonados de seus sermões, uma rapsódia sobre a amizade:[38]

> Há uma doce visão de Deus no rosto de um amigo; pois, embora o conforto dado pelos mensageiros de Deus seja ordinariamente mais eficaz, como a bênção dos pais, que estão no lugar de Deus, é mais eficaz do que a bênção de outros sobre seus filhos; Deus também prometeu uma bênção para o ofício da comunhão dos santos nas relações dos homens comuns.[39]

Amigos piedosos eram como sermões ambulantes.[40] Sibbes descreveu Deus como "o grande Amigo",[41] e "uma inclinação para vencer e ganhar" caracterizava Cristo e também deveria caracterizar seus discípulos.[42] Sibbes provou que tinha essa característica: em 1624, seu ministério em Londres foi tão bem recebido em Gray's Inn, o que também aconteceu na igreja da Santíssima Trindade, que o auditório teve de ser ampliado. Solteiro, longe da família e com uma relação um pouco distante com o pai, Sibbes reconhecia o valor das amizades.

---

37 Sibbes, "A Breathing after God" em *Works*, 2:228-29.
38 Sibbes, "The Soul's Conflict with Itself " em *Works*, 1:191-93; cf. "Bowels Opened", em *Works*, 2:36-37; "Excellency", 4:262.
39 "Soul's Conflict", em *Works*, 1:192; cf. ibid., 1:191.
40 Sibbes, "The Bride's Longing", em *Works*, 6:560; cf. Sibbes' "Angels' Acclamations" em *Works*, 6:321; "Pattern", em *Works*, 7:515; "Rich Poverty", em *Works*, 6:237; "Soul's Conflict", em *Works*, 1:192.
41 "Saint's Hiding-Place", em *Works*, 1:411; cf. "Bowels Opened", em *Works*, 2:37.
42 "Excellency" em *Works*, 4:262; cf. "The Bruised Reed and Smoking Flax" em *Works*, 1:51.

Ademais, a comunhão dos santos foi facilmente acessível ao longo de toda a vida de Sibbes. Ele cresceu através de amigos, e as posições que ele alcançou exigiam amizades para que fossem importantes. Desde jovem, Sibbes não apenas se manteve solteiro, como também viveu em uma comunidade de solteiros: St. John's College, Gray's Inn, Katharine Hall.[43] Uma pessoa como ele estava quase sempre na companhia dos clérigos da época com educação universitária e dos líderes políticos e econômicos da nação.

Claramente, Sibbes tinha uma extensa rede de amizades entre os juristas, comerciantes e clérigos de Londres e de outros lugares. Isso não causa surpresa, considerando que Sibbes era principalmente pregador e pastor. Sobre o tempo em que Sibbes foi um bem-sucedido mestre da Katharine Hall, W.H.S Jones escreveu que ele foi "um homem hábil e piedoso, com um dom para fazer amigos".[44] Sua habilidade como pregador mostrou-se crucial nesses relacionamentos: as preleções de Sibbes chamavam a atenção de outros *fellows*, estudantes, ministros e patronos em Cambridge e provavelmente foi isso que o levou para Londres; se não fosse por sua pregação, não haveria outro motivo aparente para Sibbes não continuar como *fellow* na St. John's College até a sua morte. Em Londres, foi basicamente através de suas preleções que ele chamou a atenção dos piedosos da cidade e dos arredores. A partir de então, Sibbes tornou-se um dos principais elos de ligação entre os advogados e os ministros piedosos em Londres.

Os contatos de Sibbes através das escolas de direito permitiram que ele se tornasse amigo íntimo de uma variedade impressionante de líderes parlamentares do início da era Stuart. Esses homens apoiavam e incentivavam Sibbes em seu ministério, ouvindo suas pregações, trabalhando para que ele fosse promovido,

---

43 Gray's Inn exigia que os preletores fossem solteiros. Confira Reginald Fletcher, ed., *The Pension Book of Gray's Inn... 1569-1669* (London: 1901), 139; cf. 224.
44 W.H.S. Jones, *A History of St. Catharine's College* (Cambridge, England: 1936), 92.

cooperando com ele na Gray's Inn, patrocinando pregações piedosas ou defendendo os interesses dos piedosos na Câmara dos Comuns. O que Sibbes disse em um sermão tinha por base sua própria experiência: "Os homens, voluntariamente, olham para os exemplos. Os exemplos de pessoas grandes e excelentes; os exemplos de pessoas amorosas e generosas; especialmente os exemplos daqueles que nos amam e são generosos conosco; os exemplos daqueles com quem nos preocupamos, pessoas que são importantes para nós e nós para elas — essas quatro coisas fazem com que os homens se tornem exemplos".[45]

Uma análise das evidências sugere que, entre seus amigos mais íntimos, estavam: os colegas da Universidade de Cambridge e ministros em Londres, William Gouge e John Preston; entre os advogados e parlamentares, John Pym e Sir Nathaniel Rich; e, entre outros patronos, Sra. Mary More, Lady Elizabeth Brooke e Robert Rich, conde de Warwick. Todos foram lembrados no testamento de Sibbes (exceto Preston, que morreu antes dele, e Warwick); todos claramente partilhavam do mesmo zelo de Sibbes pela pregação piedosa. E nenhum deles, durante a vida de Sibbes, considerou separar-se da Igreja da Inglaterra.

---

45 "Church's Riches", em *Works*, 4:520.

CAPÍTULO 3

A Era das Contendas

No século XVII, "mudança" quase sempre indicava declínio ou decadência.¹ As "mudanças" não eram consideradas progresso, mas "quedas" — a queda de Adão e Eva ou de Roma.² Havia o desejo de imitar os clássicos no estilo da escrita, e a idealização do passado anglo-saxão era comum. Até o uso crescente das carruagens não era visto como uma parte inevitável da evolução do transporte, mas como uma nova irritação que destruía as ruas de Londres, deixando-as mais perigosas para a maioria das pessoas. O Céu era o lugar no qual o homem seria "completamente imutável",³ pois as mudanças realizadas pelo homem eram "inovações" — uma

---

1 "Fountain Opened", em *Works*, 5:512. Cf. J.T. Cliffe, *The Puritan Gentry: The Great Puritan Families of Early Stuart England* (London: Routledge & Kegan Paul, 1984), 59; Johann Summerville, "Ideology, Property and the Constitution", em *Conflict in Early Stuart England*, eds. R. Cust and A. Hughes (London: Routledge, 1989), 62.
2 "Fountain Opened", em *Works*, 5:466.
3 "Bowels Opened" em *Works*, 2:37-38; e "Soul's Conflict" em *Works*, 1:282.

poderosa ferramenta apologética para aqueles que criticavam as mudanças na religião.[4]

Acreditava-se que o *status quo* estava essencialmente correto. O fato de que Richard Sibbes parecia partilhar desse ponto de vista pode explicar a natureza incontroversa de grande parte de suas pregações — mas ver Sibbes como um místico puritano desconectado da história implica ignorar o significado de suas palavras na época em que ele viveu. Uma leitura cuidadosa de seus sermões revela que ele interagia mais com seus oponentes do que inicialmente se supõe da parte de um teólogo tão pacífico. É possível que esse tipo de declaração não apareça com mais frequência por causa do receio de Sibbes de ofender as autoridades, talvez alterando o que havia sido pregado para tornar o conteúdo mais aceitável antes de publicar. Portanto, a aparente "atemporalidade" dos sermões de Sibbes reflete, em parte, os perigos de seu tempo. Sua moderação não era uma apatia piedosa; soava mais como o equilíbrio de humores no corpo, que garantiria a saúde de seu paciente; era uma mistura seletiva de conservadorismo e reforma adicional. Portanto, para entender melhor a moderação de Sibbes, seu trabalho e sua pregação precisam ser vistos em meio às coisas que ele defenderia e que não defenderia.

INOVAÇÕES EM TEMPOS IMODERADOS

Sibbes chegou a Londres como um professor de teologia recém-eleito na Gray's Inn; nessa condição, ele deveria ser solteiro, não ter nenhuma outra obrigação pastoral e lecionar duas vezes na

---

[4] Confira "Fountain Opened", em *Works*, 5:466, 511; "Excellency", em *Works*, 4:241; "Divine Meditations", em *Works*, 7:223; "Judgment", em *Works*, 4:95, 101; "The Saint's Safety in Evil Times, Manifested by St. Paul, From his Experience of God's Goodness in Greatest Distress", em *Works*, 1:301. Cf. "Excellency", em *Works*, 4:303; "Proclamation for the establishing of the peace and quiet of the Church of England", rep. in Kenyon, *The Stuart Constitution*, 138-39; e "The King's Declaration", republicado por S.R. Gardiner, *Constitutional Documents of the Puritan Revolution*, 3rd ed. (Oxford, England: 1906), 77-82, 89.

capela aos domingos para os frequentadores da escola. Em compensação, ele recebia um salário generoso, um quarto particular e dinheiro para as refeições durante as férias.⁵ A vaga ficou aberta no dia 16 de janeiro de 1616, quando Roger Fenton faleceu. Sibbes foi eleito no dia 5 de fevereiro de 1617, em uma reunião do conselho com a presença de mais pessoas do que era o costume.⁶ Embora cada escola de direito funcionasse como "uma base e um centro de operações para clérigos e leigos puritanos", Gray's Inn era o maior e possivelmente o mais influente.⁷

Embora as contendas estivessem crescendo em Cambridge à medida que o consenso teológico elizabetano desabava, a mudança de Sibbes de Cambridge para Londres permitiu que ele tivesse uma visão mais ampla das "misérias da época".⁸ Uma série de questões eclesiásticas recebeu a atenção do público: a defesa do direito divino do governo episcopal foi perigosamente autorizada por James; a publicação do *Livro dos Esportes* no dia 24 de maio de 1618;⁹ e a reunião do Sínodo de Dort.

Em dezembro de 1620, James alertou o clero de Londres para o fato de que eles não deveriam envolver-se nas questões de Estado (o que ele voltaria a fazer em julho do ano seguinte), e Sibbes sabia que sua verdadeira intenção era impedir que eles se intrometessem no noivado de seu filho Charles com a princesa católica Maria Anna, da Espanha, que ficou conhecida como "a pretendente espanhola". No mês anterior, James mandara prender William Gouge, amigo de

---

5   Reginald J. Fletcher, ed., *The Pension Book of Gray's Inn... 1569-1669* (London: 1901), 22, 139; *q.*, 224.
6   *Pension Book*, 224. Joseph Foster, *The Register of Admissions to Gray's Inn*, 1521-1889 (London: 1889), 146.
7   Wilfrid Prest, *Inns of Court under Elizabeth I and the Early Stuarts* (London: Rowman and Littlefield, 1972), 38, 207.
8   "Soul's Conflict", em *Works*, 1:244.
9   Republicado em J.R. Tanner, *Constitutional Documents of the Reign of James I*, 1603-1625 (Cambridge, England: Cambridge University Press, 1961), 54-56.

Sibbes, por traição, por haver publicado a obra de Sir Henry Finch, *The Calling of the Jewes* [A Vocação dos Judeus]; depois de ser investigado, Gouge foi aprovado e solto, mas somente depois de nove semanas na cadeia. Sibbes, que estava sempre nas redondezas da corte, sabia que James era sensível a críticas, então, embora ele não ficasse apreensivo por causa das cortes eclesiásticas, também não chegava a ficar despreocupado. Enquanto isso, Sibbes parece ter prosperado muito nessa época: seu salário aumentou duas vezes, e a capela em Gray's Inn foi ampliada para acomodar o grande público.[10]

Em 1622, James começou a, esporadicamente, exigir o cumprimento de uma lei que proibia a maior parte das discussões sobre a predestinação no púlpito, o que seria mantido, de uma forma ou de outra, durante todo o resto da vida de Sibbes. No dia 4 de agosto de 1622, James enviou suas "Instruções para o Clero" a George Abbot, então arcebispo de Cantuária, limitando as preleções do domingo à tarde e proibindo a pregação (por todos, à exceção dos bispos ou dos deãos) sobre "os pontos profundos da predestinação, da eleição, da reprovação ou sobre a universalidade, eficácia, resistibilidade ou irresistibilidade da graça".[11]

O que foi mais abominável para os piedosos é que o parágrafo 5 situou os puritanos e os papistas na mesma categoria de "adversários" da Igreja da Inglaterra (James, que gostava de se referir aos dois juntos, costumava ter o cuidado de aludir apenas aos que contestavam sua autoridade.) Godfrey Davies foi exagerado quando disse que o resultado dessa ordem do rei foi que "se perdeu metade da pregação na Inglaterra".[12] As preleções parecem ter continuado, porém com mais cautela em relação aos assuntos abordados.

---

10 *Pension Book*, 229, 234, 300; Francis Cowper, *A Prospect of Gray's Inn*, 2nd ed. (London: 1985), 60; Prest, 188.
11 Republicado em H. Gee and W.J. Hardy, *Documents Illustrative of English Church History* (London: 1896), 516-18; também Tanner, 80-82.
12 Davies, 74. Cf. Seaver, 241-42.

No ano seguinte, James tentou iniciar um controle semelhante em relação à imprensa; no dia 25 de setembro de 1623, ele proibiu a publicação ou a importação de livros que abordassem questões religiosas ou políticas antes de serem aprovados.[13] Naquele mesmo ano, Sibbes disse aos ouvintes na Gray's Inn: "Muitos acreditam que servir a Deus não é somente inútil, mas também perigoso [...] eles consideram [...] o meio que Deus utiliza para conduzir os homens ao Céu — a clara proclamação da verdade — uma completa tolice".[14] Nessa época, em que a preocupação com a comunicação pública era cada vez maior, Sibbes fez o que seria sua declaração mais controversa, na qual ele recomendava a sujeição às autoridades em questões duvidosas.[15] Contudo, no ápice das negociações pela *pretendente espanhola*, Sibbes disse no mesmo sermão: "Enquanto ele [Salomão] labutava para encontrar neles aquilo que ele buscava, acabou se perdendo; e, ao buscar se fortalecer através de alianças estrangeiras, essas alianças tornaram-no mais fraco".[16] Então, ainda que, curiosamente, "não fosse a vocação dos súditos inquirir sobre os mistérios do governo",[17] isso não impedia Sibbes de fazer comentários críticos. Com o passar do tempo, a necessidade desses comentários aumentou.

Qualquer sucesso que James possa ter tido na criação de uma Igreja inclusiva, Charles I desprezou. Não se pode esperar que Sibbes e seus contemporâneos previssem o efeito que a mudança de monarcas teria na Igreja; antecipar que Charles seria hostil à verdadeira religião protestante seria equivalente a duvidar da providência de Deus em prol da Igreja da Inglaterra. Contudo, não há dúvida de que,

---

13 Tanner, 143-45.
14 "Soul's Conflict", em *Works*, 1:178-79.
15 "Soul's Conflict", em *Works*, 1:209-10.
16 "Soul's Conflict", em *Works*, 1:219-20. Cf. "The Returning Backslider", em *Works*, 2:252 (provavelmente pregado no final de 1624).
17 "Soul's Conflict", em *Works*, 1:219-20.

sob o rei Charles, a política da compreensão foi substituída por uma política de *compressão*.[18]

Em 1624, surgiu uma controvérsia por causa de um livro escrito por Richard Montagu, intitulado *A New Gagg for an Old Goose* [Uma Nova Mordaça para um Velho Ganso], no qual ele enfatizava os elementos católicos na Igreja Anglicana e defendia que a Igreja não era calvinista. Assustados, alguns parlamentares reclamaram com James, dizendo que o livro parecia arminiano. Parece que Sibbes não se envolveu publicamente nessa controvérsia, mas certamente estava preocupado com o crescimento do "formalismo" ou do ritualismo morto. Em seu sermão "A Reclamação da Igreja e a Confiança", Sibbes sugere qual teria sido uma das razões para a praga de 1625: "Há uma hipocrisia entre os homens, entre os formalistas, que são a desgraça de nosso tempo, Deus os vomitará. Eles são tão doentes quanto uma pessoa profana em suas narinas".[19] No início de 1626, estava claro que algo mais precisava ser feito para garantir que o povo ouviria pregações piedosas — especialmente porque a própria natureza da Igreja inglesa parecia estar em jogo.[20] William Laud, em seu sermão para o novo Parlamento, atacou o calvinismo abertamente e os piedosos ficaram desanimados quando James inocentou Montagu.

James morreu em março de 1625, e Charles foi seu sucessor, mas a controvérsia foi mantida. A fim de reprimir os debates sobre Montagu e seus escritos, Charles dissolveu o Parlamento; no dia seguinte, 16 de junho, ele promulgou uma "Proclamação pelo Estabelecimento da Paz e do Sossego na Igreja da Inglaterra". Nessa proclamação, Charles proibiu pregações que fossem controversas

---

18 Cliffe, 146; cf. Kenneth Fincham, *Prelate as Pastor: The Episcopate of James I* (Oxford, England: Clarendon, 1990), 303.

19 Sibbes, "The Church's Complaint and Confidence", em *Works*, 6:196. Cf. "The Sword of the Wicked", em *Works*, 1:114; "Bowels Opened", em *Works*, 2:41, 50; "Excellency", em *Works*, 4:211; "Divine Meditations", em *Works*, 7:228; "The Knot of Prayer Loosed", em *Works*, 7:234, 244, 246.

20 A primeira reunião entre Sibbes e os outros feudatários da qual temos registro aconteceu quatro dias depois da primeira reunião da Conferência de York House.

ou que introduzissem inovações que "violassem esse vínculo de paz, mesmo em pequeno grau". Embora, aparentemente, destinada aos arminianos, o efeito da proclamação foi "calar as bocas puritanas e conceder liberdade irrestrita aos partidários do arminianismo".[21]

Em 1623, após a eclosão da Guerra dos Trinta Anos no continente, Sibbes referiu-se ao "tempo de angústia para Jacó e de tristeza para Sião".[22] Preocupado com a sorte de seus colegas protestantes, Sibbes, Gouge, Thomas Taylor e John Davenport fizeram circular uma carta, datada do dia 2 de março de 1627, pedindo ajuda para os ministros destituídos do Eleitorado do Palatinado do Sacro Império Romano.[23] Por seus esforços, Sibbes e seus copeticionários tiveram de se apresentar diante de Laud e da Alta Comissão. Embora auxiliar os protestantes no continente não se mostrasse inconsistente com a política externa da Inglaterra, essa atitude poderia ser vista como um envolvimento direto e inapropriado de pessoas comuns nas questões do Estado e, consequentemente, como uma crítica implícita à inatividade do governo. Ademais, a corte considerava toda a questão em torno da causa protestante no continente politicamente perigosa. Se os eventos no continente fossem apresentados apenas como uma guerra entre protestantes e católicos romanos, sua liberdade diplomática seria severamente limitada. Portanto, era de seu interesse desencorajar que a guerra fosse apresentada como de natureza religiosa, mas, para os piedosos, era exatamente isso.

---

21 Republicado em Kenyon, *The Stuart Consitution*, 138-39. Cf. John Rushworth, *Historical Collections* (London: 1721), 1:265, 413. Daniel Neal (*The History of the Puritans* [London: 1837], 1:507) erra ao afirmar que essa proclamação foi promulgada no dia 24 de janeiro. Uma evidência adicional é a decisão de Charles de silenciar os ataques dos calvinistas de Oxford contra os arminianos na Conferência de Woodstock no dia 23 de agosto, como resultado de ataques em sermões em Magdalen Hall e Exeter College. Charles impediu esses ataques de forma decisiva ao demitir três pregadores da universidade, deixando Laud livre para reformar a Oxford. O relato de Laud se encontra em *The Works of the Most Reverend Father in God*, William Laud, D.D. (Oxford, England: 1853), V.i.47-73.

22 "Soul's Conflict", em *Works*, 1:261.

23 Public Records Office, SP16/56, itens 15 e 16. Resumido em *Calendar of State Papers, Domestic 1627-1628*, ed. John Bruce (London: 1858), 77.

Tão importante quanto o conflito dos protestantes no continente eram as dificuldades que os piedosos enfrentavam na Inglaterra: à medida que ia crescendo o "formalismo" na Igreja doméstica e diminuindo a liberdade que o clero tinha para fazer comentários, aumentava a importância dos comentários feitos no exterior sobre a situação, na forma de críticas indiretas às tendências na Igreja inglesa.[24] Sem dúvida, tanto para a corte como para o clero, a guerra continental ilustrava continuamente o domínio das preocupações eclesiásticas sobre as seculares e, portanto, era do interesse apocalíptico de ambos.

Até 1628, os piedosos já haviam experimentado várias decepções. No exterior, as forças protestantes no continente pareciam estar próximas de um colapso completo depois de experimentar uma série de derrotas sérias; além disso, uma expedição para socorrer os protestantes de La Rochelle acabou fracassando. Com temor da reação popular, Charles proibiu os pregadores de Londres de mencionar o assunto em seus sermões.[25] Sibbes, Gouge, Taylor e Davenport foram reprimidos por causa da carta com um pedido de ajuda para os refugiados protestantes no continente, enquanto William Laud e Richard Neile foram promovidos na Igreja, ambos se tornando conselheiros privados. Enquanto isso, John Preston e Richard Stock, dois ministros piedosos de Londres (e velhos amigos de Sibbes), morreram, e a publicação do livro papista de John Cosin, *A Collection of Private Devotions*, e a arrecadação de empréstimos forçados criaram novas preocupações para os teólogos e advogados piedosos. O Parlamento estava furioso; eles estavam ainda mais furiosos com as pregações de Roger Manwaring, com a aprovação de Charles, em que ele dizia que aqueles que se opunham ao empréstimo forçado

---

24 "Saint's Safety", em *Works*, 1:318; cf. "Josiah's Reformation", em *Works*, 6:30-34.
25 Bodleian Tanner MS 72/269 (cited "Arminianism" chapter in Julian Davies, *The Caroline Captivity of the Church: Charles I and the Remoulding of Anglicanism: 1625–1641* [Oxford, England: Clarendon, 1992], n148).

queimariam no inferno. Por causa disso, Charles suspendeu o Parlamento, pagou as multas de Manwaring, perdoou-o formalmente e colocou-o como pároco de Stanford Rivers, Essex. Para os piedosos, esses acontecimentos sugeriam que o catolicismo romano estava prestes a triunfar no país, como havia acontecido no exterior.

Em novembro de 1628, Charles emitiu uma declaração semelhante à Proclamação de 1626, ordenando que fosse anexada a todas as cópias dos Artigos da Religião,[26] proibindo toda "publicação ou pregação que divergisse em qualquer grau dos Artigos (qualquer um dos 39) e ordenando que todos se submetessem aos Artigos, conforme o sentido claro e completo das palavras, não acrescentando seu próprio significado ou comentário ao significado dos Artigos, mas interpretando-os no sentido literal e gramatical".[27] Embora ele dissesse que sua intenção era promover a unidade da Igreja, sua declaração serviu apenas para confirmar os temores dos piedosos.

Havia uma abundância de preleções no início da dinastia dos Stuart na Inglaterra, especialmente em Londres. Talvez Sibbes estivesse certo quando fez a seguinte observação sobre Londres: "Eu acho que não há nenhum outro lugar no mundo com tantas pregações".[28] Com uma população de centenas de milhares de clérigos que criam que "a pregação é o meio pelo qual Deus, ordinariamente, dispensa salvação e graça",[29] isso não causa surpresa. Esses preletores criaram uma situação em que a maioria das pregações na cidade acontecia fora da estrutura normal de autoridade eclesiástica. Por isso, Charles e Laud pareciam desconfiar dos preletores de forma geral. Como bispo de Londres,

---

26 Neal, 1:519–20. Gardiner, Constitutional Documents, 75–76; Gee and Hardy, 518–20. Edward Cardwell (Documentary Annals of the Reformed Church of England [Oxford, England: 1844], 221–25) Por alguma razão, a declaração é datada de 1627 (embora a nota indique 1628).
27 Gardiner, Constitutional Documents, 76.
28 "Lydia's Conversion", em Works, 6:527.
29 "Fountain Opened", em Works, 5:507.

Laud convenceu Charles a impor determinadas restrições aos preletores e chamava-os "Criaturas do Povo".[30]

Em dezembro de 1629, Charles promulgou suas "Instruções", chegando perto de proibir a pregação daqueles que não exerciam o ofício pastoral.[31] Nessas instruções, os bispos receberam ordem para incentivar as paróquias a transformar os sermões da tarde em catequização: "que cada preletor leia o divino serviço de acordo com a liturgia publicada pelas autoridades, usando sua sobrepeliz e capuz, antes da preleção"; que os preletores locais, com trajes apropriados, sejam empregados nas cidades de mercado; e que, "se uma associação mantiver um único preletor, ele não poderá pregar sem que aceite ser instalado em uma paróquia para exercer o ofício pastoral dentro daquela associação; e que ele, de fato, seja instalado assim que abrir uma vaga. Assim, Thomas Foxley, amigo de Sibbes e *fellow* nos Feudatários, foi destituído de seu cargo de preletor, e o mesmo aconteceu com outros.[32]

Durante esses anos iniciais do reino de Charles, Sibbes foi muito ativo: lançou o esquema dos Feudatários, cooperou com a carta que pedia ajuda para os refugiados protestantes e, como mestre, implementou reformas na Katharine Hall. Suas prédicas não eram abertamente controversas, mas continham comentários oportunos.

---

30 Rushworth (1706), 2:8. Keyon, erroneamente, interpretou que essas restrições proibiam as corporações de promover preleções (Kenyon, *The Stuarts* [Glasgow, Scotland: 1958], 75), provavelmente por confundir as "Considerations" ["Considerações"] de Laud (republicado em Prynne e resumido em Rushworth) — a base das "Instructions" ["Instruções"] de Charles — com as próprias "Instructions". O parágrafo 5, artigo 4, das Instruções simplesmente exigiam a disposição de exercer o ofício pastoral assim que fosse oferecido ao preletor, enquanto as "Considerations" de Laud sugeriam que "ninguém fosse autorizado a pregar até que tivesse recebido uma *Curam Animarum* dentro da Corporação" (Rushworth, 2:8). Seaver observou que a exigência mais branda foi uma alteração real da proposta mais limitada de Laud (Seaver, 244).

31 Laud, v. V, parte ii, 307-9; Kenyon, *Stuarts*, 75; Rushworth, 2:8-9; cf. Seaver, 243-44; Prynne, *Canterburies Doome*, 368-73; G.E. Gorman, "A London Attempt to 'tune the pulpit'. Peter Heylyn and his sermon against the Feofees for the purchase of impropriations", *Journal of Religious History*, v. VIII/9 (1975): 336; Trevor-Roper, 104-8.

32 Prynne, *Canterburies Doome*, 273.

Sobre o irenismo cada vez maior em relação ao catolicismo romano, Sibbes lamentou: "Não valorizamos a piedade, mas estamos prontos para considerar o papismo uma verdadeira religião. Será esse o fruto da longa pregação do evangelho e do véu sendo removido por tanto tempo? [...] Nós estamos debaixo do selo do juízo de Deus".³³ Sobre aqueles que se opunham à pregação piedosa, Sibbes disse: "É uma evidência de que um homem é escravo de Satanás quando é inimigo da exposição da Palavra de Deus".³⁴ Foi assim que Sibbes, por meio da pregação e também de outras medidas, se esforçava para promover os interesses dos piedosos.

Se a apresentação mais recente de Sibbes é a de um pacífico místico moderado, a mais antiga era a de um combatente protodissidente envolto em uma guerra contra Laud. Embora essa perspectiva represente uma distorção da carreira de Sibbes, Sibbes e Laud realmente estiveram envolvidos em um conflito em torno dos Feudatários para Impropriações.

Em 1625, um grupo de 12 londrinos "formaram um conselho administrativo autossustentável, sem personalidade jurídica", com o objetivo de "arrecadar fundos junto aos leigos com o propósito de auxiliar e manter os ministros piedosos, fiéis e diligentes".³⁵ Ao assumir o controle das paróquias, esses Feudatários não instalavam qualquer clérigo devidamente ordenado; eles instalavam pregadores que eram mais radicais do que seus predecessores.³⁶ Em seu diário, Laud escreveu sob o título "Coisas que eu projetei fazer se Deus me abençoar nelas" que seu terceiro projeto era simplesmente "derrubar os Feudatários, que são perigosos para a Igreja e para o Estado, e se escondem atrás do enganoso pretexto da compra de

---

33 "Excellency", em *Works*, 4:304; cf. "The Rich Pearl", em *Works*, 7:260.
34 "Excellency", em *Works*, 4:228.
35 Isabel M. Calder, *Activities of the Puritan Faction of the Church of England 1625-1633* (London: SPCK,1957), vii.
36 Confira, Calder, *Activities*, 54-59.

Impropriações".³⁷ Ao lado, Laud escreveu a palavra "Feito". Em fevereiro de 1633, depois de longas audiências,³⁸ os Feudatários foram dissolvidos na Corte de Exchequer por formarem uma associação autossustentável sem a autorização do rei. Esses conflitos — sobre a carta do Palatinado e sobre os Feudatários — sugere que, embora Sibbes, cuidadosamente, cumprisse com suas obrigações em relação à Igreja, não via problema em trabalhar fora dos limites impostos. Ao mesmo tempo, alguns dos amigos mais jovens de Sibbes não tinham a mesma disposição de trabalhar dentro da igreja: logo depois que os Feudatários foram dissolvidos, John Cotton confirmou sua saída da Igreja da Inglaterra e Thomas Goodwin e John Davenport ficaram convencidos da necessidade de deixar suas paróquias.

MESTRE DA KATHARINE HALL

Talvez tenha sido sua prática de não "provocar as autoridades"³⁹ que levou Sibbes a ser nomeado mestre da Katherine Hall em 1626 e na casa paroquial da Igreja da Santíssima Trindade, em Cambridge, em 1633, quando outros oponentes de Laud estavam sendo reprimidos.⁴⁰ Mais diretamente, foi por intermédio de Goodwin que Sibbes tornou-se mestre da Katherine Hall no final de 1626.⁴¹ Não

---

37 William Laud, *History of Troubles* (London: 1695), 68.

38 Arthur Searle, ed., *Barrington Family Letters 1628-1632* (London: 1983), 244.

39 Edmund Calamy, *An Account of the Ministers, Lecturers, Masters and Fellows of Colleges and Schoolmasters, who were Ejected or Silenced after the Restoration in 1660*, 2nd ed. (London: 1713), 2:605-6.

40 Ussher escreveu ao arcebispo Abbot em janeiro de 1627, sugerindo que ele incentivasse Sibbes a assumir a posição de reitor na Trinity College, em Dublin, pois "eu garanto que ele será tão consciencioso e tão cuidadoso na realização de todas as suas instruções quanto qualquer outro homem". Ussher a Abbot, 10 de janeiro de 1626[7]; encontrado em *The Whole Works of the Most Rev. James Ussher*, D.D., C.R. Elrington, ed. (Dublin, Ireland: 1864), 16:361.

41 Goodwin, "Memoir... out of his own papers", *Works of Thomas Goodwin* (Edinburgh, Scotland: 1861), 2:lxvi. Ivronwy Morgan sugeriu que Sibbes alcançou essa posição por influência de Buckingham. Isso é improvável porque, no inverno de 1626, Preston teria pouca influência com Buckingham (leia Morgan, *Prince Charles's Puritan Chaplain*, 42).

foi uma escolha estranha. Sibbes já havia sido *fellow* sênior na St. John's College, uma das maiores faculdades da universidade.

Sibbes foi um mestre bem-sucedido, atraindo alunos e benefícios. Por isso, sua influência piedosa impactou a vida religiosa da faculdade em uma época em que outras faculdades estavam recebendo influências muito diferentes.

Mesmo como mestre da Katharine Hall,[42] Sibbes promoveu seu tipo peculiar de reforma moderada. Nessa época, um dos aspectos mais confusos da pequena faculdade era o fato de que duas pessoas chamadas John Ellis foram admitidas em 1630-1631. O mais velho foi um galês que recebeu seu bacharelado na St. John's College e foi admitido como *fellow* em dezembro de 1631. O John Ellis mais jovem era um nativo de Yorkshire que se matriculou para estudar na Katharine Hall em 1630. Quando abriu uma vaga para *fellow* na Katharine, Laud recomendou John Ellis, que Edmundo Calamy identificou como o "sineiro"[43] de Laud. "Os humildes se curvam enquanto outros se quebram; eles são exaltados enquanto outros são arrancados [...] eles prevalecem por meio da submissão e são senhores de si mesmos e de outras coisas, mais do que os de espírito inquieto: as bênçãos do Céu e da terra os acompanham."[44] Em 1634, Sibbes prevaleceu curvando-se e sendo submisso. A eleição de John Ellis, o mais jovem, foi a última eleição para *fellow* de que Sibbes participou e é o último retrato que temos da capacidade de Sibbes de se conformar. Calamy escreveu:

> Essa foi uma coisa poderosa na época e a intenção era pressioná-los — começando uma briga com eles, caso

---

42 Com seis *fellows*, a Katharine Hall vangloriava-se de uma incrível quantidade enquanto Sibbes estava lá, gente que se tornou famosa, como Thomas Goodwin, Andrew Peme, John Arrowsmith, William Strong, Samuel Lynford, John Bond e William Spurstow.

43 Ellis mencionou a dívida que ele tinha para com Laud em seu *S. Austin Imitated: or Retractations and Repentings In reference unto the late Civil and Ecclesiastical Changes in this Nation* (London: 1662), 112.

44 "Soul's Conflict", em *Works*, 1:280. Cf. "Saint's Safety" em *Works*, 1:301.

não aceitassem, ou colocando um espião entre eles, caso aceitassem. O doutor [Sibbes], que não era de provocar as autoridades, disse aos *fellows* que obedecessem à Casa de Lambeth; que a pessoa era jovem e poderia mostrar-se útil. Os *fellows* aceitaram.[45]

John Ellis foi eleito *fellow* da faculdade em dezembro de 1634 e acabou sendo mais flexível do que moderado, passando por fases presbiteriana e independente até, finalmente, conformar-se na Restauração. John Knowles, outro *fellow* da faculdade que Sibbes conseguiu persuadir a votar em Ellis — posteriormente, foi um dos não conformistas expulsos em 1662 —, declarou: "Cinco anos depois [...] nada o perturbava mais do que o voto que ele dera naquela eleição".[46] A moderação de Sibbes nem sempre agradava seus contemporâneos.

A ESSÊNCIA DA MODERAÇÃO

A maioria das divisões nas últimas duas décadas de vida de Sibbes consistia de questões que diziam respeito ao que define uma verdadeira igreja, mas essas divisões mudavam de acordo com o que cada um entendia representar as necessidades e as possibilidades da continuidade da reforma em consonância com sua própria visão de verdadeira igreja. Desse modo, categorizar determinados ministros, analisando se eles favoreciam mais reformas ou se defendiam o *status quo*, pode provocar uma ilusão de equivalência entre Sibbes e outros que, na verdade, apresentavam muitas diferenças. Aliás, teologicamente, a essência da defesa de Sibbes em relação à Igreja — a pregação piedosa, a administração correta dos sacramentos e

---

45 Calamy, 2:605-6. Cf. Benjamin Brook, *The Lives of the Puritans* (London: 1813), 2:419, onde se diz, erroneamente, que a vaga aberta fora na "Magdalen College".
46 Calamy, 2:606.

a disciplina — tinha mais em comum com muitos que atacavam o establishment elizabetano de sua infância do que com muitos de seus contemporâneos que defendiam o establishment da década de 1630. Contudo, embora Sibbes questionasse algumas cerimônias, claramente defendia sua permanência na Igreja da Inglaterra. No fim de sua vida, ele reconheceu, com mais clareza do que nunca, que "cada cristão tem, nesta vida, uma iluminação diferente e uma visão diferente".[47]

No entanto, havia aqueles que claramente estavam além dos limites aceitáveis. Como J. Sears McGee observou, nos sermões de Sibbes qualquer "moderação aparente em relação a Roma era vista como efêmera".[48] Os papistas participavam indignamente dos sacramentos e eram deficientes na busca por santidade, por causa de sua ignorância.[49] Seus sermões eram cheios de ataques contra o cerimonialismo e contra o formalismo, direcionados aos que faziam parte da Igreja da Inglaterra, mas também aos da Igreja Romana. O arminianismo também não estava incluído no entendimento que Sibbes tinha acerca de moderação. Ao citar e refutar algumas das objeções de Robert Bellarmine em defesa do livre-arbítrio, Sibbes também estava lidando com o arminianos de uma maneira politicamente mais aceitável.[50] Embora os sermões de Sibbes fossem cheios de referências positivas a Lutero,[51] seus seguidores eram elogiados

---

47 "Bride's Longing", em *Works*, 6:549, pregado em fevereiro de 1634.

48 McGee, *The Godly Man in Stuart England: Anglicans, Puritans, and the Two Tables, 1620-1670* (New Haven, Conn.: 1976), 6. Em 1610, Sibbes havia sido escolhido como o candidato B.D. para "responder" na cerimônia de formatura. Ele foi o primeiro a responder à declaração *Romana Ecclesia est apostatica* (BL Harl. MS. 7038, f. 88).

49 Sibbes, "The Right Receiving", em *Works*, 4:65, 68, 73; cf. "Soul's Conflict", em *Works*, 1:138. Esse trecho é um exemplo interessante do entendimento de Sibbes sobre a universidade como uma defesa contra Roma, encarregada de proteger o "bom depósito da fé".

50 "Bowels Opened", em *Works*, 2:63; "Church's Riches", em *Works*, 4:500; cf. "Excellency", em *Works*, 4:271-72.

51 "Returning Backslider", em *Works*, 2:337; *A Learned Commentary or Exposition Upon The First Chapter of the Second Epistle of S. Paul to the Corinthians*, em *Works*, 3:159, 303, 417; "Excellency", em *Works*, 4:302; "Violence Victorious", em *Works*, 6:311.

com menos frequência. Embora ele raramente criticasse os luteranos em seus sermões, Sibbes chegou a criticar, em uma conversa, Philip Melanchthon, por "seus erros em relação à predestinação e os erros de Lutero em relação ao sacramento".[52]

Sibbes, é claro, favorecia a moderação: "Onde há mais santidade, há mais moderação, para que a piedade a Deus e o bem do próximo não sejam prejudicados".[53] Ele chegou ao ponto de apresentar a moderação como o cerne do cristianismo: "O que é o próprio evangelho senão uma misericordiosa moderação em que a obediência de Cristo é considerada nossa, os nossos pecados são colocados nele e Deus, o juiz, passa a ser o nosso Pai, perdoando os nossos pecados e aceitando a nossa obediência, embora fraca e maculada!"[54]

Ao longo de sua vida, Sibbes viu homens a quem respeitava renunciar às suas paróquias por rejeitar o conformismo, mas, em seus últimos anos de vida, a igreja parecia sofrer de hemorragia. Os conformistas eventuais eram menos tolerados e os homens começaram a se mostrar mais abertos sobre a decisão de ministrar fora da Igreja da Inglaterra, mas foi especialmente nesse contexto que a moderação se provou importante na resposta de Sibbes aos que se separavam; tais homens esquecem que "a Igreja de Cristo é um hospital público em que todos estão, em alguma medida, infectados com alguma doença espiritual; por isso, todos nós devemos agir com espírito de sabedoria e humildade uns para com os outros".[55] Em vez disso, "para fins particulares", eles machucavam a Igreja.[56] Contudo, anos antes, Sibbes lembrara os ouvintes acerca da necessidade de sair do papismo e lamentou, dizendo que "é uma evidência da frieza dos tempos quando

---

52 Hartlib, *Ephemerides*, 1634. Cf. crítica aos luteranos como idólatras em *A Learned Commentary or Exposition Upon The first Chapter of the Second Epistle of S. Paul to the Corinthians*, em *Works*, 3:134, por causa de sua doutrina da consubstanciação.
53 "Bruised Reed", em *Works*, 1:57.
54 "Bruised Reed", em *Works*, 1:58.
55 "Bruised Reed", em *Works*, 1:57.
56 "Bruised Reed", em *Works*, 1:76. Cf. *Letters of Davenport*, 39.

não há calor suficiente no zelo para se separar de uma fé contrária".[57] Embora o objetivo dessa declaração fosse que as pessoas deixassem o cerimonialismo que estava crescendo na igreja (ou até mesmo que deixassem Roma), suas palavras poderiam ser facilmente interpretadas como uma declaração pró-separatista. Aqui Sibbes demonstrou que os argumentos utilizados contra Roma[58] poderiam ser uma faca de dois gumes: se Roma poderia ser declarada apóstata, por que não a Igreja da Inglaterra, cada vez mais corrupta?

Foi exatamente essa a pergunta à qual Sibbes tentou responder em sua breve *Carta de Consolação à Consciência Aflita*, contrariando os argumentos que já usara contra a Igreja romana: "Mas você dirá que a Inglaterra não é uma Igreja verdadeira e, por isso, você se separa para se unir à verdadeira Igreja".[59] A prova de Sibbes de que a Igreja da Inglaterra era uma verdadeira igreja era o fato de reunir todas as marcas necessárias de uma Igreja verdadeira — "a pregação fiel do evangelho, a correta administração dos sacramentos, as orações realizadas com piedade, pessoas ímpias castigadas (embora não na medida que alguns criminosos e malfeitores merecem)"[60] — e a geração de "muitos filhos espirituais para o Senhor".[61] "Sim, muitos que se separam, se foram convertidos, foi aqui conosco". Mesmo que a Igreja da Inglaterra fosse corrompida por cerimônias, Sibbes argumentou: "Nós precisamos dividir a Igreja por [...] males circunstanciais? Esse remédio é pior do que a doença".[62] Ele chamou

---

57 "Soul's Conflict", em *Works*, 1:270.
58 Claramente, Sibbes estava ciente desse problema; ver "An Exposition of the Third Chapter of the Epistle of St. Paul to the Philippians", em *Works*, 5:68.
59 "Third Chapter Philippians", em *Works*, 5:68.
60 "Consolatory Letter", em *Works*, 1:lxxv.
61 Esse último era um argumento tradicional usado por Sibbes contra os separatistas ("Church's Visitation", em *Works*, 1:375-76) bem como por Thomas Cartwright décadas antes (citado em Peter Lake, *Moderate Puritans and the Elizabethan Church* [Cambridge: 1982], 87); cf. "Thomas Cartwright's Letter to his Sister-in-Law to Dissuade her from Brownism" reprinted in *The Presbyterian Review*, vol. VI [Jan. 1885], 101-11; William Perkins, *The Workes of that Famous and Worthy Minister of Christ in the University of Cambridge*, Mr. William Perkins (London: 1618), 3:389.
62 "Consolatory Letter", em *Works*, 1:lxxv.

a atenção para o fato de que todas as igrejas têm corrupção, até aquelas mais livres de cerimônias, "mas [...] são mais corruptas em relação aos pregadores (que é o principal), como na profanação do dia do Senhor".⁶³ Sibbes concluiu exortando seus leitores:

> Haverá uma miscelânea e uma mistura na Igreja visível enquanto o mundo durar [...] Então, se um homem abandona a igreja, por corrupções reais ou imaginárias, é como matar a alma [...] Assim, deixe-me admoestá-lo a voltar desses caminhos extravagantes e a se submeter à sagrada comunhão dessa Igreja da Inglaterra verdadeiramente evangélica.⁶⁴

A defesa de Sibbes da "Igreja da Inglaterra verdadeiramente evangélica" foi sucinta e poderosa, trabalhada em sua mente ao longo de muitos anos. Não foi por acaso que Sibbes tornou-se conhecido por sua habilidade de "conduzi-los [os não conformistas] ao caminho certo, mais do que qualquer outro ministro na cidade de Londres".⁶⁵ Como ele disse, "a empatia tem uma estranha força".⁶⁶ Apesar de toda empatia que ele deve ter sentido pelos não conformistas, sua atitude em relação aos que se separavam da Igreja da Inglaterra era um pouco diferente: estes estavam usurpando um papel que não haviam recebido de Deus, enquanto aqueles estavam simplesmente obedecendo às suas consciências:

> Portanto, em nosso tempo de julgamento, existem bons motivos para atentarmos para a advertência de Tiago, "não vos torneis, muitos de vós, mestres" (Tiago 3.1); que não

---

63 "Consolatory Letter", em *Works*, 1:lxxvi.
64 "Consolatory Letter", em *Works*, 1:lxxvi.
65 John Hacket, *Scrinia Reserata: A Memorial Offer'd to the Great Deservings of John Williams, D.D.* (London: 1693), parte i, parágrafo 106, pp. 95-96. Cf. a experiência de John Dury, narrada em John Dury, *The Unchanged, Constant and Single-hearted Peacemaker* (London: 1650), 7.
66 "Soul's Conflict", em *Works*, 1:193.

devemos ferir uns aos outros com censuras precipitadas, especialmente nas coisas que são indiferentes por natureza; algumas coisas são da mente daquele que pratica ou não pratica, e ambos podem fazer para o Senhor.[67]

Embora a separação não impedisse Cotton, Goodwin e outros de ter lembranças muito positivas de Sibbes, não existe mais nenhuma outra evidência de como Sibbes fez as pazes com seus amigos que deixaram a Igreja inglesa.

O Declínio da Moderação

Sibbes viveu na época das mudanças ocorridas na Igreja Anglicana, no início do século XVII. É mais difícil compreendê-lo em seus últimos anos de vida, pois as categorias que o explicam em Cambridge, na década de 1590, mudam para categorias mais apropriadas para a década de 1630. Somente é possível apresentar Sibbes como um não conformista sob uma perspectiva que entende que todo puritano era um dissidente e que qualquer um que fizesse objeções era um não conformista. Sibbes trabalhou por reformas, especialmente no início do reinado de Charles; contudo, logo as oportunidades para agir em prol de uma agenda de pregação e do protestantismo diminuíram. Nos últimos anos de Sibbes, talvez ele tenha ficado mais desanimado, frustrando-se diante da possibilidade cada vez menor de a igreja incluir aqueles que eram "reformadores sem ser revolucionários".[68]

Diante da moderação de Sibbes, como ficou sua eclesiologia em meio às mudanças da Conformidade sob os Stuart? Algumas vezes, o tempo revela contradições inerentes e divergências incipientes; talvez essa seja a causa de retratos discrepantes de Sibbes.

---

67 "Bruised Reed", em *Works*, 1:56.
68 Brian Burch, "The Parish of St. Anne's Blackfriars, London, to 1665", *Guildhall Miscellany*, v. III/1 (October 1969), 30.

Ele já foi apresentado como alguém que negligenciava a eclesiologia completamente,[69] mas, por outro lado, mesmo entre aqueles que já leram seus sermões com mais acurácia, parece que Sibbes adotava a retórica de um revolucionário do establishment; ou seja, alguém que afirmava a eclesiologia estabelecida da Igreja elizabetana, mas que cada vez mais enfatizava a natureza voluntária da eclesiologia reformada continental.[70] Quando cresceu a oposição ao que Sibbes entendia ser a pregação do evangelho, ele se tornou mais explícito acerca dos aspectos voluntários da Igreja. A pregação piedosa, como um meio da atividade do Espírito, e não uma continuidade organizacional histórica, era a essência da visão de Sibbes em relação à Igreja.

Victor Morgan escreveu sobre o "congregacionalismo latente inerente ao puritanismo", mas Sibbes não enfatizou a natureza voluntária da Igreja a ponto de se separar, como outros fizeram.[71] Por que não? Talvez os anos de Sibbes o tenham levado a confiar ou a se conformar com o establishment, ou as duas coisas, de um modo que os mais jovens não eram capazes de fazer com tanta facilidade.[72]

---

69 R.T. Kendall, *Calvin and English Calvinism to 1649* (Oxford, England: 1979), 103.

70 "Breathing", em *Works*, 2:226. William Bartlet, em seu *Model of the Primitive Congregational Way* (London, l647), 44-45, percebeu a maneira como essa faceta voluntarista de Sibbes poderia ser entendida e usou isso para defender a tese de que alguém [Sibbes] que "poucos achavam ter essa posição" era, na verdade, um congregacionalista. Collinson (em seu "Magazine", *Godly People* [London: 1983], 516) sugeriu, equivocadamente, que Simeon Ashe e John Wall, mais tarde, declararam que Sibbes [e também Preston, Dod e Hildersham] eram "zelosamente inclinados ao Governo Presbiterial da Igreja". Contudo, a passagem citada de Wall e Ashe (do prefácio de dezembro de 1649, de *The Marrow of Ecclesiastical Histories* [London: 1650], escrito por Samuel Clarke) diz somente que "esses últimos" tinham essa inclinação — "esses" referindo-se a uma longa lista de 16 teólogos em que os oito últimos eram não conformistas. Sibbes aparece em segundo lugar na lista completa. Sibbes já fora identificado como "presbiteriano" por George B. Dyer em sua *History of the University and Colleges of Cambridge* (London: 1814), 2:170.

71 Morgan, "Country, Court and Cambridge University, 1558-1640: A Study in the Evolution of a Political Culture" (Ph.D. diss., University of East Anglia: 1983), 1:59. Observe que os princípios congregacionais ou independentes mais radicais prevaleciam entre os amigos mais jovens de Sibbes.

72 Peter Lake escreveu que a essência do puritanismo moderado era a capacidade de impedir que o princípio protestante e a Igreja nacional entrassem em conflito (Lake, "Laurence Chaderton and the Cambridge Moderate Puritan Tradition" [Ph.D. diss., University of Cambridge: 1978], 316).

Independentemente do motivo, Sibbes mantinha esses dois aspectos unidos ao considerar o establishment indiferente, útil na medida em que servia à Reforma. Em outras palavras, sua eclesiologia estava subordinada à soteriologia de uma maneira que católicos romanos e dissidentes posteriores consideraram impossível imitar. Contudo, houve mudanças na Igreja sob os Stuart: a eclesiologia tornou-se mais importante, pois interferia no que os clérigos e os leigos mais protestantes entendiam ser a questão soteriológica realmente admirável. Com essas mudanças, a posição de Sibbes como um revolucionário do establishment tornou-se mais incerta e até mesmo mais arriscada. Ambos os lados o consideravam útil como um contraexemplo para aperfeiçoar os comentários rigorosos sobre o outro lado.

Se houve alguma época em que havia a possibilidade de ele se tornar abertamente não conformista ou até mesmo de se separar, foi nas últimas duas décadas de sua vida, mas isso não aconteceu. Em 1632, Sibbes já tinha visto quatro pregadores passarem pelo Lincoln's Inn e três pelo Middle Temple. Em 1633, um sexto dos mestres de Cambridge eram mais velhos do que Sibbes e, em 1635, somente quatro. A moderação que Sibbes defendia estava desaparecendo. A polarização na Igreja estava cada vez mais substituindo a tolerância. Contudo, Sibbes continuou como um reformista conformista até o fim, mesmo depois de 1633, quando havia poucas oportunidades para reformas moderadas fora de seu próprio púlpito. Embora ele tenha se afastado das estruturas de poder da Igreja — pelo menos em espírito —, era simplesmente bem-sucedido, consolidado, velho e cansado demais para ser polarizado.

Como alguém que nasceu perto do litoral em 1588, em uma família com onze irmãos, Sibbes teria sentido o peso da importância do que acontecia com os protestantes no continente mais do que outros; ele continuou a se preocupar com isso até a morte. Em seu último sermão em Gray's Inn, no dia 28 de junho de 1635, ele disse:

"Quando chegam notícias ruins sobre a Igreja no exterior ou em seu próprio país, ele não desanima. Seu coração está firme; ele crê em Deus e em Cristo, e isso o impede de ser uma cana agitada pelo vento".[73] Naquela noite, Sibbes ficou doente. Hartlib observou que, nos últimos dias de Sibbes, ele se mostrava inabalável: "Quando ele (o Dr. Sibbes) foi interrogado sobre como estava sua alma, respondeu que estaria pecando contra Deus se não dissesse que estava muito bem".[74] Claramente, ele tinha o controle sobre suas faculdades mentais. Ele terminou o prefácio de seu livro *The Soul's Conflict with Itself* na quarta-feira seguinte, em Gray's Inn. Catlin relatou que "seu Médico, que melhor conhecia seu corpo", estava "fora da Cidade".

Sábado, dia 4 de julho, Sibbes claramente sabia que estava morrendo;[75] nesse dia, ele revisou seu testamento, estando "fraco no corpo, mas com a memória perfeita", deixando seus bens para os familiares, amigos e servos da Gray's Inn. Em seus últimos seis anos de vida, a casa de Sibbes era um quarto no terraço, que foi construído alguns anos antes para Sir Gilbert Gerard, mas foi entregue a Sibbes quando Gerard decidiu que queria ter aposentos maiores. Foi nesse quarto, no dia 5 de julho de 1635 (um domingo de formatura na Cambridge), que Sibbes morreu. Ele foi sepultado no dia seguinte, em St. Andrew Holborn, onde os membros da Gray's Inn mantinham uma capela desde os tempos medievais.[76] Seu sermão fúnebre, pregado por William Gouge, não foi preservado até os nossos dias.

"Nossa vida é como uma teia, tecida com fios de necessidades e favores, cruzes e bênçãos, ascensão e queda, combate e vitória."[77]

---

73 "Two Sermons" em *Works*, 7:355-56.
74 Hartlib, *Ephemerides*, 1635.
75 O testamento de Sibbes, "Grosart Memoir", em *Works*, 1:xxxviii.
76 Cowper, 52.
77 "Soul's Conflict", em *Works*, 1:249.

CAPÍTULO 4

Predestinação, pacto e conversão

Embora uma análise sobre Sibbes como teólogo reformado possa ser informativa por diversas razões, é especialmente apropriada porque, com frequência, Sibbes é apresentado como alguém que se mostrava vago em questões teológicas e como o principal personagem no desenvolvimento do moralismo, enfatizando a santificação à custa da justificação. Isso já foi dito com base em sua defesa da teologia do pacto e com base em seu entendimento acerca da conversão e da preparação. Como essa segunda imagem (alguém que fomentou o moralismo) poderia encaixar-se em seu perfil como alguém que diminuiu a ênfase reformada mais tradicional na soberania divina, é melhor considerar essas questões em conjunto.

Predestinação

O lugar óbvio para iniciar um estudo da natureza reformada da teologia de Sibbes é na doutrina da predestinação.

Como Samuel Brooke, mestre da Trinity College, Cambridge, disse para William Laud, a "doutrina da predestinação é a raiz do puritanismo, e o puritanismo é a raiz de toda rebelião e desobediência teimosa no Parlamento, de todos os cismas e atrevimentos no país e na própria Igreja".[1] Contudo, R.T. Kendall observou que "Sibbes deu pouca atenção à doutrina da predestinação".[2] Embora Kendall tenha reconhecido que talvez fosse por causa das restrições à pregação que mencionamos no último capítulo, ele se perguntou, com base na "preocupação pastoral de Sibbes", se Sibbes "não preferiria que os homens se esquecessem dos decretos da predestinação".[3] Pouca atenção, ambiguidade e um desejo de que o público se esquecesse não parecem ser as características de alguém preocupado em apresentar um evangelho que estava predestinado antes da fundação do mundo.

Embora as referências explícitas de Sibbes à predestinação tenham sido poucas, não eram incertas nem eram feitas de forma relutante. Além disso, qualquer ambiguidade ou inconsistência acerca da predestinação seria especialmente surpreendente se levarmos em conta que ele refletiu sobre o assunto enquanto estudava para se tornar bacharel em teologia. O manuscrito na Biblioteca Britânica registra que ele foi escolhido para responder a perguntas na cerimônia de formatura de 1610, na universidade, e que a segunda declaração à qual teve de responder foi "*Dei*

---

[1] *State Papers of Charles I*, 16/177/13 (Public Records Office, London); citado por Charles Carlton, *Archbishop William Laud* (London: 1987), 121. Carlton atribuiu isso a Samuel Moore, mas não existiu um mestre na Trinity College, Cambridge, com esse nome. Contudo, condiz com o contemporâneo de Laud, Samuel Brooke. Diversos historiadores modernos que escreveram sobre essa época nutriam a mesma antipatia: e.g., Max Weber, *The Protestant Ethic and the Spirit of Capitalism*, tradução de Talcott Parsons (London: Routledge, 1930), 104; William Haller, *The Rise of Puritanism* (New York: Harper, 1938), 83; Pettit, 47; Coward, *The Stuart Age*, 149; Bert Affleck, "The Theology of Richard Sibbes, 1577-1635" (Ph.D. diss., Drew University: 1969), 290.

[2] Kendall, *Calvin and English Calvinism to 1649*, 103; cf. Charles H. George, "A Social Interpretation of English Puritanism", *Journal of Modern History*, v. XXXV/4 (dezembro de 1953): 330.

[3] Kendall, *Calvin and English Calvinism to 1649*, 103.

Decretum non tollit libertatum voluntatis" — "O decreto de Deus não anula a liberdade".[4] Considerando que ele teve de discorrer a esse respeito por duas horas, sua resposta não pode ter sido pequena. Além disso, oito anos mais tarde, em sua primeira apresentação de um livro para a imprensa, Sibbes elogiou a defesa de Agostinho e de Thomas Bradwardine quanto à predestinação.[5] Ele claramente acreditava:

> Primeiro, que havia uma eterna separação de homens no propósito de Deus. Segundo, que esse primeiro decreto destinando o homem ao seu propósito é um ato de soberania sobre a sua criatura, completamente independente de qualquer coisa na criatura, como sua causa, especialmente na reprovação comparativa — o motivo de Judas ser rejeitado, e não Pedro; o pecado previsto não pode ser a causa porque o pecado era comum a ambos. Terceiro, a condenação é um ato de divina justiça, o que pressupõe demérito; e, portanto, a execução do decreto de Deus fundamenta-se no pecado — da natureza, da vida ou as duas coisas.[6]

REPROVAÇÃO

Os debates sobre a natureza e o funcionamento da predestinação eram mais acalorados em relação à doutrina da reprovação — a doutrina que diz que, assim como Deus havia decretado

---

4   BL MS Harl. 7038, f.88.
5   "To the Reader", a Paul Baynes, "A Commentary Upon the First Chapter of the Epistle... to the Ephesians", em *Works*, 1:lxxxiv; e novamente em "First Chapter 2 Corinthians", em *Works*, 3:331. Cf. sua crítica a Melanchthon por "seus erros em relação a predestinação", registrado por Hartlib, *Ephemerides*, 1634. Cf. "First Chapter 2 Corinthians", em *Works*, 3:134.
6   "To the Reader", em "First Chapter Ephesians", 1:lxxxv.

eternamente que salvaria alguns, também decretou eternamente que condenaria outros.[7] Para que os decretos da eleição e da reprovação fossem estritamente paralelos, era necessário que não se baseassem no mérito e no demérito individual, mas exclusivamente na soberania de Deus.

Quando o assunto era reprovação, Sibbes não se mantinha em completo silêncio, mas falava pouco. Quando ele falava sobre os réprobos, havia dois sentidos: às vezes, ele usava a palavra simplesmente para fazer referência aos que atualmente estão fora de Cristo,[8] mas também usava a palavra para se referir ao fato de que Cristo "nos predestinou e elegeu, enquanto rejeitou outros".[9] Ecoando as palavras de Paulo sobre Faraó em Romanos 9, Sibbes referiu-se aos que "prefeririam perder suas almas a perder suas vontades" como aqueles que "são levantados para Cristo, para glorificá-lo na confusão deles".[10] Ele não pressupunha a reprovação eterna de pessoas específicas entre os ouvintes — e nem poderia fazê-lo — porque, como ele dizia com frequência, isso fazia parte do "propósito secreto de Deus", oculto neste mundo,[11] e a presença das pessoas para ouvir a Palavra deveria produzir esperança, e não desespero.[12] Sibbes incentivava seus ouvintes a não especular demais sobre esse assunto[13] e simplesmente exortava-os a confiar.[14]

---

7   Dito claramente por William Perkins em *The Workes of that Famous and Worthy Minister of Christ in the University of Cambridge, Mr. William Perkins* (London: 1616), 1:24-25.
8   Ver "First Chapter 2 Corinthians", em *Works*, 4:323.
9   "Bowels Opened", em *Works*, 2:181; cf. "Salvation Applied", em *Works*, 5:389.
10 "Bruised Reed", em *Works*, 1:93; cf. "Salvation Applied", em *Works*, 5:390; "Saint's Safety", em *Works*, 1:321.
11 "Salvation Applied", em *Works*, 5:390; cf. *A Learned Commentary or Exposition Upon The Fourth Chapter of the Second Epistle of Saint Paul to the Corinthians*, em *Works*, 4:377.
12 "Description of Christ", em *Works*, 1:23; cf. "Saint's Hiding-Place", em *Works*, 1:410; "Bruised Reed", *em Works*, 1:48, 72; "Fourth Chapter 2 Corinthians", em *Works*, 4:377.
13 "Salvation Applied", em *Works*, 5:390.
14 "Fountain Opened", em *Works*, 5:511.

Sibbes parecia concordar que a condenação sempre procedia do juízo de Deus contra o pecado[15] e, portanto, preocupava-se com o fato de que, se o decreto da reprovação fosse apresentado com muita rigidez, Deus seria desonrado. Em última análise, Sibbes insistia que os condenados eram os únicos que poderiam ser culpados por seu destino,[16] declarando que "ninguém nunca foi para o inferno sem que tivesse dado motivos para tanto".[17]

Redenção Particular

Outra questão que poderia criar problemas pastorais para as almas em dúvida era a abrangência da expiação de Cristo. Resumindo: se Deus elegeu somente alguns para a salvação, então por quem Cristo morreu?

Existe alguma ambiguidade nos sermões de Sibbes, talvez por causa de seu desejo de ser um exegeta fiel da Escritura. É possível encontrar declarações de que "Ele [Cristo] era uma pessoa pública. Na cruz, ele assumiu o lugar do mundo inteiro e todos os pecados cometidos ou que Deus previu que seriam cometidos foram colocados sobre ele".[18] Contudo, em seu devido contexto, ele só pretendia demonstrar que a ressurreição de Cristo prenuncia a ressurreição para a vida de "todo verdadeiro cristão". Consistente com sua teologia reformada, Sibbes ensinou que, "quando se diz que Cristo redime o mundo, não devemos entender que seja toda a humanidade, de forma geral".[19] Em vez disso, "Cristo morreu sozinho e de maneira única no seguinte sentido: porque, em sua morte, morreram todos

---

15 "Fountain Opened", em *Works*, 5:510-11; "Salvation Applied", em *Works*, 5:389.
16 "Bowels Opened", em *Works*, 2:69; cf. "The Matchless Love and Inbeing" em *Works*, 6:406; "Description", em *Works*, 1:25; "Christ is Best; or, St. Paul's Strait", em *Works*, 1:337-38.
17 Bowels Opened", em *Works*, 2:87.
18 "The Power of Christ's Resurrection", em *Works*, 5:198.
19 "Fountain Opened", em *Works*, 5:516-17.

os que eram seus, aqueles que o Pai lhe deu para morrer por eles. O dom de Deus e a morte de Cristo caminham juntos".[20]

Quando Sibbes referiu-se ao "propósito secreto de Deus na eleição de alguns e na redenção de alguns", não estava repetindo a mesma ideia em um paralelismo poético, mas enfatizando dois pontos distintos: Deus elegeu alguns e Cristo, por sua morte, redimiu somente alguns.[21] O objetivo não era tratar a expiação como pequena, mas, sim, refletir sobre a extensão e a limitação da expiação de Cristo como razões para louvar.[22]

Em sua única longa discussão acerca dessa doutrina que foi preservada, Sibbes argumenta, com base em Romanos 5.10, que "a maior parte não é salva por sua vida, portanto não são reconciliados por sua morte".[23] Ele pressupôs que, nessa questão, seus oponentes seriam "papistas"[24], que queriam acrescentar o mérito individual à salvação. Contudo, o que deixa mais evidente que Sibbes afirmava essa doutrina é o que, na maioria dos sermões, está implícito, e não o que é exposto.[25]

Eleição

Quando Sibbes falava sobre predestinação, normalmente falava sobre eleição,[26] que é a predestinação específica de determinados

---

20 "Christ's Exaltation", em *Works*, 5:345. Cf. "Salvation Applied", em *Works*, 5:388; "Bowels Opened", em *Works*, 2:179; "Judgment", em *Works*, 4:103; "Christ's Sufferings for Man's Sin", em *Works*, 5:356. Karl Barth, em sua crítica à teologia pactual, ou federal, apresentou a doutrina da expiação "limitada" como uma de suas consequências necessárias. Karl Barth, *Church Dogmatics*, tradução de G.W. Bromiley (Edinburgh, Scotland: T&T Clark,1956), v. IV/I, 57. J.B. Torrance concorda com essa análise em partes, "Covenant or Contract?", *Scottish Journal of Theology*, v. XXIII/1 (Feb. 1970): 68-69.
21 "Salvation Applied", em *Works*, 5:390.
22 "Rich Pearl", em *Works*, 7:257; "Salvation Applied", em *Works*, 5:389.
23 "Salvation Applied", em *Works*, 5:388; cf. "Pattern", em *Works*, 7:509.
24 "Salvation Applied", em *Works*, 5:389.
25 Ver "Angels", em *Works*, 6:354; "Salvation Applied", em *Works*, 5:389-91; "Church's Riches", em *Works*, 4:525.
26 "Lydia", em *Works*, 6:523.

indivíduos para a salvação;[27] isso, portanto, encaixava-se perfeitamente com o desejo de Sibbes de falar sobre o cristianismo de uma forma afetuosa, como a história do amor de Deus. Ao falar sobre os eleitos, ele se referia àqueles que foram maravilhosa e amorosamente escolhidos por Deus, o Pai, para a salvação antes do tempo e no tempo.[28] Ser um eleito significava pertencer a Deus.

Este "mundo escolhido do mundo, o mundo dos eleitos",[29] é formado por pessoas especialmente favorecidas, que Deus chama de "melhores amigos".[30] Eles pertenciam a Deus antes de responder ao ministério da Palavra.[31] Não são todos os que professam o cristianismo, mas aqueles que o Pai deu ao Filho antes da criação do mundo. São aqueles por quem o Filho morreu, os que "genuinamente professam a verdade", atraídos pelo Espírito através do ministério da Palavra, sendo aperfeiçoados "aos poucos". Eles nunca hão de se perder, mas certamente passarão a eternidade com Deus.[32] E somente estando em Cristo é que o crente pode ter a certeza de que é um dos eleitos.[33]

A eleição, para Sibbes, não era algo a ser debatido, mas demonstrado.[34] Se estar entre os eleitos significava estar entre aqueles que Deus reconciliou consigo mesmo e que foram reconciliados com Deus, então nada poderia ser mais importante para um cristão do

---

27 "Privileges", em *Works*, 5:262.
28 "Description", em *Works*, 1:9; cf. "Bowels Opened" em *Works*, 2:73; "Rich Poverty", em *Works*, 6:241.
29 "Fountain Opened", em *Works*, 5:516; "Judgment's Reason", em *Works*, 4:98.
30 "Breathing", em *Works*, 2:216; cf. "Rich Poverty", em *Works*, 6:232, 235; "Soul's Conflict", em *Works*, 1:262.
31 "Bowels Opened", em *Works*, 2:142; "Of the Providence of God", em *Works*, 5:50-51.
32 "Breathing", em *Works*, 2:234; "Bowels Opened", em *Works*, 2:36, 83, 179; "Demand", em *Works*, 7:482; "Excellency", em *Works*, 4:218; "The Faithful Covenanter", em *Works*, 6:8; "Judgment", em *Works*, 4:103; "The Difficulty of Salvation", em *Works*, 1:396.
33 "Description", em *Works*, 1:9,18; "Soul's Conflict", em *Works*, 1:132.
34 "Church's Riches", em *Works*, 4:520-21; cf. "Bowels Opened", em *Works*, 2:69. Sylvia Roberts, "'Radical Graces': A Study of Puritan Casuistry in the Writings of William Perkins and Richard Sibbes" (M.A. thesis, University of Melbourne: 1972), 183.

que buscar e assegurar a evidência de sua eleição.³⁵ Mas essa certeza não pode ser encontrada por meio de especulações sobre "os segredos de seu eterno decreto! Obedeça ao mandamento, obedeça à ameaça e não tenha dúvida. Se obedeceres ao mandamento, se obedeceres à ameaça, se fores atraído por isso, indubitavelmente, és um filho de Deus".³⁶ Ao falar sobre a eleição em seus sermões, Sibbes não queria fomentar o orgulho, mas a gratidão;³⁷ não deixar os eleitos estagnados, mas incentivá-los a agir.³⁸

Embora Sibbes costumasse evitar controvérsias sobre predestinação e mencionava o assunto apenas ocasionalmente, não é razoável supor que ele tivesse dúvidas acerca da veracidade e do uso da doutrina. Em seus sermões, todas as doutrinas associadas à predestinação estavam presentes: eleição, reprovação, decretos e expiação definida.

Contudo, os sermões de Sibbes não tinham o ar sombrio que alguns autores pensam ser necessário entre aqueles que adotam essas doutrinas. Em vez disso, Sibbes sempre menciona a predestinação com um objetivo positivo, de maneira pastoral e pessoal. Para Sibbes, as doutrinas reformadas da predestinação eram simplesmente a linguagem de Deus para expressar amor por seu povo, um "determinismo agradável".³⁹

---

35 "Right Receiving", em *Works*, 4:62-63; "Soul's Conflict", em *Works*, 1:137.
36 "First Chapter 2 Corinthians", em *Works*, 3:156; cf. "Glance of Heaven", em *Works*, 4:182.
37 "First Chapter 2 Corinthians", em *Works*, 3:331; "Rich Poverty", em *Works*, 6:234; "Bowels Opened", em *Works*, 2:142; cf. "Breathing", 2:234; "Bowels Opened", em *Works*, 2:73; "Divine Meditations", em *Works*, 7:216; "Excellency", em *Works*, 4:218; "Faithful Covenanter", em *Works*, 6:8; "Privileges", em *Works*, 5:264; "Soul's Conflict", em *Works*, 1:184, 264; "Fountain Opened", em *Works*, 5:529; "Description", em *Works*, 1:9.
38 "Bowels Opened", em *Works*, 2:36, 83; "Bruised Reed", em *Works*, 1:49; "Demand", em *Works*, 7:478, 482, 491; "Excellency", em *Works*, 4:282; "Soul's Conflict", em *Works*, 1:206-7, 250; "Church's Riches", em *Works*, 4:517; "Fountain Opened", em *Works*, 5:490, 532; "Judgment's Reason", em *Works*, 4:103; "Rich Poverty", em *Works*, 6:235, 241; "Privileges", em *Works*, 5:257; "Providence", em *Works*, 5:50-51.
39 Harold Shelly, "Richard Sibbes: Early Stuart Preacher of Piety" (Ph.D. diss., Temple University: 1972), 137.

No entanto, é justo perguntar-se por que Sibbes tinha receio de discutir a doutrina de forma explícita. Existem quatro motivos plausíveis: primeiro, durante sua temporada em Londres, o púlpito e a imprensa estavam sendo cada vez mais controlados. Segundo, parte do motivo pelo qual as pregações sobre predestinação foram oficialmente desincentivadas — a popularidade da doutrina — sugere que ele talvez tenha sentido que não era tão necessário falar sobre o assunto. Os clérigos com quem ele tinha contato e a maior parte de seu público eram pessoas que concordavam com a predestinação.

Uma terceira razão talvez seja a forma de ensinar que Sibbes usava com mais frequência: o sermão. A maior discussão de Sibbes sobre a predestinação aparece em um de seus poucos escritos que não são sermões: o prefácio de um livro. Os sermões serviam para edificar os leigos; não eram controvérsias de universidade. Algumas questões pastorais muito difíceis estavam envolvidas na contemplação das doutrinas da eleição e da predestinação.

Por último, devemos levar em conta sua personalidade. Com base na referência de Jenison, de 1621, que descreve Sibbes como "tímido", e em sua reputação póstuma de alguém que era pessoalmente humilde e não polêmico, Sibbes passa a impressão de ser um personagem pacífico. Independentemente da situação política, a predestinação parece ser sempre uma doutrina pastoralmente controversa (para o bem ou para o mal). É razoável supor, com base no que sabemos, considerando a controvérsia que surgia com tanta facilidade, que Sibbes preferia tratar do assunto fora do púlpito.

Pacto, Conversão e Preparação

Muitos já sugeriram que os pregadores protestantes ingleses do início do século XVII estavam na vanguarda de um mar de mudanças na teologia protestante, do monergismo — em que Deus age sozinho para salvar — para o sinergismo — em que os homens cooperam com a graça de Deus na salvação — através da ideia de pacto.⁴⁰ Diz-se que Sibbes estava na vanguarda dessa mudança. Sibbes era um teólogo do pacto? Havia uma tensão entre essa estrutura pactual e seu ensino ortodoxo sobre a predestinação e a eleição?

Aparentemente, os piedosos da época de Sibbes faziam uso do conceito de "pacto" de duas maneiras: primariamente, para descrever o pacto salvífico de Deus e, em segundo lugar, para descrever as obrigações do cristão em relação a Deus e a outras pessoas. O primeiro sentido não tinha qualquer intenção de sinergismo e o segundo incluía as obrigações das duas partes como algo fundamental para a existência do pacto.⁴¹

Para John Knewstub, "o padrão do pacto era tão evidente que a própria palavra só aparece de vez em quando, muito casualmente".⁴² Por exemplo, ao longo de sua exposição de Êxodo 20, Knewstub fez muito uso da linguagem jurídica; ao pregar sobre os Dez Mandamentos, ele queria que seus ouvintes entendessem suas obrigações como o povo pactual de Deus. Em sua epístola dedicatória, ele declarou que um sermão "declarará as condições para recebermos o salário por nosso trabalho e se o pacto será tão favorável que não precisaremos duvidar disso, mas seremos capazes de cumprir".⁴³ Contudo, Knewstub tam-

---

40 Pettit, 218. Já se sugeriu que a doutrina da soberania de Deus dos reformadores do século XVI foi enfraquecida pelo uso que seus sucessores faziam da ideia de pacto. Existem muitos livros e artigos que falam a respeito da modificação da teologia reformada pelo conceito de pacto; alguns são citados a seguir. Ver, por exemplo, a declaração de Christopher Hill de que "a teologia do pacto, ao lado da ideia de um desejo sincero de ser salvo talvez seja a primeira evidência da obra da graça na alma do homem, ambas foram tentativas desesperadas de tornar o calvinismo mais palatável para as massas" (*Society and Puritanism in Pre-Revolutionary England* [London: 1964], 489); em outro lugar, Hill disse que a teologia do pacto é "uma maneira de [...] sorrateiramente introduzir as 'obras' no calvinismo" (*Puritanism and Revolution* [London: Secker and Warburg, 1958], 240); a declaração de Norman Pettit de que "a ênfase extrema nos ideias do pacto [...] entrava em contradição com a posição dogmática de que qualquer coisa que o homem fizesse diminuía a soberania de Deus" (218).
41 Ver "Bride's Longing", em *Works*, 6:542; Hebreus 9:16-17.
42 Leonard Trinterud, *Elizabethan Puritanism* (Oxford, England: Oxford University Press, 1971), 313.
43 Knewstub, *Lectures ... upon the Twentieth Chapter of Exodus and Certain Other Places of Scripture* (1577; rep. in Trinterud, Elizabethan Puritanism), 316.

bém usava "pacto" como sinônimo da "promessa"[44] mais obviamente unilateral e negava que a base do pacto poderia ser bilateral.[45]

Aparentemente, o entendimento de Sibbes sobre a centralidade do pacto era o mesmo que seus professores e contemporâneos. William Perkins, por exemplo, falou sobre o pacto da graça de uma maneira que mostrava que era essencial fazer parte do pacto e, ao mesmo tempo, que ninguém tinha a capacidade de entrar no pacto salvificamente. Assim, Perkins buscava encorajar as pessoas a depender de Deus e, entre aqueles que acreditavam que já estavam no pacto da graça, a crescer em gratidão.[46] Nos sermões de Perkins, o "Deus pactual ofereceu graça e exigiu obediência, mas não recompensou a obediência oferecendo graça".[47]

Seguindo essa linha, Sibbes e John Davenport, na introdução de uma das mais importantes declarações da Inglaterra sobre a teologia do pacto no início século XVII, escreveram: "Nós enviamos esses sermões sobre a completa suficiência de Deus, a integridade do homem e o pacto da graça, primeiro [...] porque o correto entendimento desses pontos tem grande influência sobre a vida cristã".[48] De forma semelhante, nos sermões de Sibbes, o pacto era central.[49]

Membresia Pactual

A primeira questão diz respeito a quem está incluído no pacto. Sibbes ensinava que todos que foram batizados estão no pacto.[50]

---

44 Knewstub, 321; cf. 322-24.
45 Knewstub, 324.
46 William Perkins, *A Clowd of Faithfull Witnesses, Leading to the heavenly Canaan: Or, A Commentarie upon the 11. Chapter to the Hebrewes, preached in Cambridge...* (n. l.: 1609), 2, 27.
47 [Sibbes and John Davenport], "To the Reader", a John Preston, *The New Covenant, or the Saints Portion* (1629); rep. in *Works*, 1:xcvi.
48 [Sibbes and John Davenport], "To the Reader", a John Preston, *The New Covenant, or the Saints Portion* (1629); rep. in *Works*, 1:xcvi.
49 "Miller, "Marrow", 257; Roberts, 108.
50 "Lydia", em *Works*, 6:530-31; cf. "Knot of Prayer", 7:249.

O pacto é "feito no pacto"[51] e "renovado quando participamos da Ceia do Senhor".[52] Isso não significa dizer que todos os que estão no pacto são salvos; há um batismo interior e um batismo exterior. "O interior é a lavagem da alma; o exterior não salva sem o interior. Portanto, ele os adverte para que não pensem que todos os que são batizados, que tiveram seus corpos externamente lavados com água, são salvos por Cristo".[53]

Sibbes ensinou que há obrigações e exigências no pacto da graça.[54] A exigência primária, apresentada no culto batismal, é a confiança[55] ou a fé.[56] Ele escreveu: "Nós, que seremos responsabilizados pelo pacto feito no batismo, precisamos cumpri-lo, especialmente aquilo que prometemos quando pactuamos. O que foi que prometemos? Que creríamos. Você crê? Eu creio em cada artigo de fé. Você renuncia ao diabo e a todas as suas obras? Eu renuncio. Portanto, a menos que agora creiamos em Cristo e renunciemos ao diabo, nós renunciamos ao nosso batismo. Não há proveito nisso".[57]

Essa confiança ou fé em Cristo precisa ser sincera, e Sibbes lembrava seus ouvintes de que essa sinceridade não deveria conduzir à

---

51 Demand", 7:487; cf. 483; "Faithful Covenanter", 6:24.
52 "Demand", 7:490; cf. "Faithful Covenanter", 6:24; "David's Conclusion; or, the Saint's Resolution" em *Works*, 7:90; "Lydia", em *Works*, 6:530-31; "Epistle to the Christian Reader", a Ezekiel Culverwell, *Treatise of Faith* (London: 1623); rep. em *Works*, 1:xc-xciii; "Soul's Conflict", em *Works*, 1:212; "Fountain Opened", em *Works*, 5:462, 469; William Perkins, "The Foundation of Christian Religion Gathered into Six Principles", em *The Work of William Perkins*, ed. Ian Breward (Appleford, Abingdon, Berkshire, England: Sutton Courtenay, 1970),163; Perkins, *Workes*, 1:71-77; William Gouge, *A Learned and Very Useful Commentary on the Whole Epistle to the Hebrews* (London: 1655), parte viii, 45.
53 "Demand", em *Works*, 7:479; cf. "Excellency", em *Works*, 4:219; "First Chapter 2 Corinthians", em *Works*, 3:462; "Bowels Opened", em *Works*, 2:169. Embora alguns possam entender que "First Chapter 2 Corinthians", em *Works*, 3:451, defende a regeneração batismal, uma leitura cuidadosa claramente demonstra que não.
54 "Demand", em *Works*, 7:482; cf. "Fountain Opened", em *Works*, 5:511.
55 "Rich Poverty", em *Works*, 6:254; cf. "Yea and Amen", em *Works*, 4:127.
56 "Demand", em *Works*, 7:482.
57 "Demand", em *Works*, 7:487; cf. 488-91.

inatividade. De fato, os crentes devem "cumprir" o pacto da graça.⁵⁸ Para esse fim, ele exortou seus ouvintes a "renovar com frequência as nossas alianças e os propósitos todos os dias".⁵⁹

Sibbes claramente ensinou que há promessas de Deus que são condicionais. Por exemplo, ao comentar 2Coríntios 1.20, Sibbes distinguiu entre promessas que são "absolutas, sem nenhuma condição" (p. ex., a vinda de Cristo, seu retorno, a ressurreição final) e promessas que são "condicionais na maneira de apresentá-las, mas absolutas em seu verdadeiro cumprimento" (p. ex., o perdão de pecados se alguém crê e se arrepende).

Contudo, até esses últimos tipos são absolutos, embora sejam apresentados condicionalmente. O motivo é que o próprio Deus cumpre o pacto. Ele cumpre a nossa parte e a sua própria parte. Pois, desde Cristo, embora ele tenha apresentado as promessas do evangelho sob determinadas condições, ele cumpre a condição; ele nos desperta para que estejamos atentos aos meios e, através de seu Espírito na Palavra, ele opera fé e arrependimento, que é a condição. A fé e o arrependimento são dons dele.⁶⁰

É evidente que, com frequência, Sibbes usava a terminologia pactual e que isso de forma alguma ofuscava a natureza gratuita da salvação. Sibbes simplesmente disse que, "no pacto da graça, o propósito de Deus é, acima de tudo, a glória de sua graça".⁶¹ Como se ele já soubesse algumas interpretações que seus sermões posteriormente receberiam, Sibbes repreendeu seus ouvintes dizendo: "É infantil

---

58 "Bride's Longing", em *Works*, 6:541-42; "Rich Poverty", em *Works*, 6:252; "Pattern", em *Works*, 7:514-15. Cf. Gouge, parte viii, 39.
59 "Angels", em *Works*, 6:345; cf. "Judgment", em *Works*, 4:94; "Faithful Covenanter", em *Works*, 6:24; "Bowels Opened", em *Works*, 2:16; "Church's Visitation", em *Works*, 1:381; "Demand", em *Works*, 7:490-91; "Judgment", em *Works*, 4:111; "Two Sermons", em *Works*, 7:345; "Returning Backslider", em *Works*, 2:269.
60 "First Chapter 2 Corinthians", em *Works*, 3:394; cf. 521; "Bride's Longing", em *Works*, 6:541-42; "Yea and Amen", em *Works*, 4:122.
61 "Divine Meditations", em *Works*, 7:189.

inferir que há poder no homem com base no fato de que Deus persuade e exorta".⁶²

CONVERSÃO

Perry Miller observou que a doutrina da conversão "é uma miniatura de quase todas as características do pensamento puritano".⁶³ Sibbes exortava os membros de sua igreja a se preparar para a conversão, mas a conversão era apresentada como uma ação fundamentalmente divina. De que maneira o monergismo implícito na teologia de Sibbes poderia ser mesclado com a ação humana na conversão?

Segundo Sibbes, o que o Espírito faz não é simplesmente persuadir; ele ilumina os eleitos abrindo os olhos da alma para Deus, pois "o olho carnal nunca será capaz de enxergar as coisas espirituais".⁶⁴ Sibbes via a conversão como a ação do Espírito, iluminando e transformando a alma.⁶⁵ Ninguém será convertido à parte da obra do Espírito, pois a capacidade de se mover em direção a Deus é uma mudança radical na alma caída. "Não importa quanto o estudante seja incapaz quando Cristo decide ser o professor".⁶⁶ A graça é irresistível.⁶⁷ "Enquanto o ministro fala aos ouvidos, Cristo fala, abre e destranca o coração; o poder de abrir não vem do próprio coração, mas de Cristo [...] A maneira de trabalhar da criatura racional é por meio de

---

62 "Fourth Chapter 2 Corinthians", em *Works*, 4:385.
63 Miller, *Mind*, 287. Cf. Alan Simpson, *Puritanism in Old and New England* (Chicago: University of Chicago Press, 1955), 2-6.
64 "Bruised Reed", em *Works*, 1:59; cf. "Soul's Conflict", em *Works*, 1:172, 214, 269.
65 Leia os capítulos 31 e 32 de Agostinho, "On Grace and Free Will", *Anti-Pelagian Writings*, traduzido por Peter Holmes (Grand Rapids, Mich.: 1971), começando em 456; Agostinho, *Enchiridion*, traduzido por Ernest Evans (London: SPCK, 1953), 28-30; Calvino, *Institutas*, 2.4.8; Perkins, *Gálatas*, 44; *Works*, 1:79.
66 "Bruised Reed", em *Works*, 1:52; cf. 83, 93-94; "Fountain Opened", 5:468. Sobre a conversão em Sibbes, Thomas Hooker e Thomas Shepherd como uma mudança de juízo, confira Stoever, 61-63.
67 "Bruised Reed" em *Works*, 1:95; cf. "Fourth Chapter 2 Corinthians", em *Works*, 4:385.

uma doce inclinação, e não pela violência. Portanto, quando ele opera a obra da conversão, é de modo doce, embora seja poderoso em eficácia".[68] Na conversão, o Espírito abre o coração[69] e torna-o frutífero,[70] apresentando o verdadeiro conhecimento de Deus para a alma — "a visão da própria miséria e a visão do amor de Deus em Cristo"[71] —, capacitando a alma a enxergar aquilo para o qual ela estava cega. É somente na conversão que a alma é liberta; é somente na conversão que a alma se torna verdadeiramente livre. "Aqueles que pecam mais livremente são os mais perfeitos escravos", disse Sibbes.[72] A verdadeira liberdade é somente a liberdade para fazer o bem.[73]

Comparações ainda mais radicais para descrever a conversão são comuns nos sermões de Sibbes.[74] A conversão "é uma alteração, uma mudança, um novo homem, uma nova criatura, um novo nascimento etc. Nós vemos a necessidade de uma mudança".[75] Contudo, a conversão necessariamente inclui ações de Deus e ações do homem.[76] Os homens são apresentados como agentes da própria conversão e da conversão de outras pessoas.[77] É necessário crer;[78]

---

68 "Bowels Opened" em *Works*, 2:63; cf. "Fountain Opened", em *Works*, 5:468; "Bruised Reed", em *Works*, 1:81; "Excellency", em *Works*, 4:218, 233-34; "Pattern", em *Works*, 7:511.
69 "Bowels Opened", em *Works*, 2:8; cf. "Lydia", em *Works*, 6:521-25.
70 "Bowels Opened", em *Works*, 2:9.
71 "Bowels Opened", em *Works*, 2:160. Cf. John Preston, *The Breast-Plate of Faith and Love* (London: 1634), parte i, 47-49, 162.
72 "Bruised Reed" em *Works*, 1:97; "Excellency" em *Works*, 4:226-27.
73 Augustine, *De libero arbitrio*, 2:13; Anselm, "Proslogion", em *A Scholastic Miscellany: Anselm to Ockham*, ed. and trad. E.R. Fairweather (London: Westminster John Knox, 1956), 77; Calvino, *Institutas*, 2.3.5; Perkins, *Gálatas*, 46, 318.
74 "Excellency", em *Works*, 4:259.
75 "Excellency", em *Works*, 4:259; cf. 221, 272; "Bowels Opened", em *Works*, 2:24-25.
76 "Bruised Reed", em *Works*, 1:47; cf. "Bowels Opened", em *Works*, 2:24,179; "Rich Poverty", em *Works*, 6:242; Stoever, 8.
77 "Bowels Opened", em *Works*, 2:36, 69, 167; cf. "Judgment", em *Works*, 4:85; "Returning", em *Works*, 2:255; "Fourth Chapter 2 Corinthians", em *Works*, 4:449; "Fountain Opened", em *Works*, 5:513; "Power of Resurrection", em *Works*, 5:199; "Providence", em *Works*, 5:37; Perkins, *Gálatas*, 46.
78 "Power of Resurrection", em *Works*, 5:198.

portanto, Sibbes exortou seus ouvintes a "entrar em Cristo"[79] e pactuar com ele,[80] a "correr atrás dele" e a "se abrir para ele"[81], a "confiar em Deus... agora".[82] Contudo, até mesmo esse sentimento, no qual precisamos "trabalhar para trazer os nossos corações", é "moldado [por Deus]":[83] embora "seus súditos sejam voluntários", eles "buscam o Céu no inferno quando buscam o amor espiritual sem uma mudança de coração".[84] Na conversão, "não tínhamos nenhum bem em nós", quando o Espírito veio ao encontro de nossa alma, "ele não encontrou nada, exceto a inimizade, a rebelião e a indisposição",[85] "nós resistíamos";[86] nossos corações eram "insubmissos e espinhosos".[87] A conversão é uma obra de Deus maior até do que a Criação porque, na Criação, "ele teve que lidar com o nada. Mas, quando Deus vem para fazer o coração crer, encontra oposição e rebelião. Ele encontra o homem contra si mesmo".[88] Portanto, Cristo precisa ferir[89] e dar uma nova vida.[90] Nossos espíritos rebeldes precisam ser "subjugados pela graça".[91] Ecoando Agostinho, Sibbes disse: "Deus

---

79 "Bowels Opened", em *Works*, 2:187.
80 "Knot of Prayer", em *Works*, 7:249.
81 "Bowels Opened", em *Works*, 2:10.
82 "Soul's Conflict", em *Works*, 1:202. Cf. Calvino, *Institutas*, 3.2.1. Perkins também exortava as pessoas a "labutarem por uma fé sã e salvífica", Hebreus, 26, 29; cf. 31-32.
83 "Fountain Opened", em *Works*, 5:486. Cf. Calvino, *Institutas*, 3.2.33; Perkins, *Gálatas*, 45; *Work*, ed. Breward, 156-57; Preston, *Breast-Plate*, parte i, 165; Confissão de Fé de Westminster 10.2; Stoever, 106-9.
84 "Bruised Reed", em *Works*, 1:79-80; cf. "The Christian's End" em *Works*, 5:308; "Pattern", em *Works*, 7:510.
85 "Bowels Opened", em *Works*, 2:48.
86 "Bowels Opened", em *Works*, 2:73; cf. "Bruised Reed", em *Works*, 1:96.
87 "Bruised Reed", em *Works*, 1:44-45.
88 "Fountain Opened", em *Works*, 5:519; cf. "Power of Resurrection", em *Works*, 5:198-99; "Soul's Conflict", em *Works*, 1:152; "Excellency", em *Works*, 4:225, 245; Preston, Breast-Plate, parte i, 165-66.
89 "Bruised Reed", em *Works*, 1:46.
90 "Bruised Reed", em *Works*, 1:95. Cf. "Fountain Opened", em *Works*, 5:495; Calvino, *Institutas*, 2.5.14.
91 "Ungodly's Misery", em *Works*, 1:392; cf. "Bowels Opened", em *Works*, 2:10, 106, 182, 187; "Excellency", em *Works*, 4:244; "Soul's Conflict", em *Works*, 1:265.

sabe que não temos nada de nós mesmos. Portanto, no pacto da graça, ele não exige mais do que ele dá, ele dá o que ele exige e ele aceita o que ele dá".[92]

Preparação

Considerando que Deus é quem garante e torna a conversão possível, qual é o papel do homem e dos meios nessa mudança? Essa é a questão que ficou conhecida como "preparacionismo". A ambiguidade é especialmente perigosa nessa questão porque é fácil perder de vista o objetivo dessa preparação. As pessoas são preparadas para o quê? Sibbes falou sobre preparação para as boas obras,[93] para a autonegação,[94] para as tribulações,[95] para a segunda vinda,[96] para a recepção do sacramento,[97] para ouvir a Palavra,[98] para orar,[99] para vir para a igreja[100] e para a conversão.[101]

Por falta de atenção, alguns pegam quaisquer declarações em que há exortações à ação humana — o que pode ser encontrado em cada página das obras de Sibbes — como uma prova do "preparacionismo". Alguns já até se confundiram por tratar partes descritivas de seus sermões como se fossem prescritivas, confundindo partes

---

92 "Bruised Reed", em *Works*, 1:58.
93 "Bruised Reed", em *Works*, 1:75.
94 "Third Chapter Philippians", em *Works*, 5:82; "Rich Pearl", em *Works*, 7:258.
95 "Providence", em *Works*, 5:53; "Soul's Conflict", em *Works*, 1:163, 249.
96 "Bride's Longing", em *Works*, 6:551-52.
97 "First Chapter 2 Corinthians", em *Works*, 3:134, 528; "Angels", em *Works*, 6:336-7; "Bowels Opened", em *Works*, 2:193; "Judgment", em *Works*, 4:88-89; RR.IV.62. Esse tema é recorrente nos sermões de Sibbes porque muitos de seus sermões eram pregados antes da Ceia do Senhor (p. ex., "Right Receiving, Judgement's Reason").
98 "Providence", em *Works*, 5:36, 53.
99 "Bowels Opened", em *Works*, 2:17-18; "Knot of Prayer", em *Works*, 7:246.
100 "Fountain Opened", em *Works*, 5:465.
101 "Bowels Opened", em *Works*, 2:166; "Excellency", em *Works*, 4:296. Talvez a mais clara exposição de Sibbes sobre as "obras de preparação" para a conversão se encontra em seu sermão "Lydia", em *Works*, 6:522-23.

que descrevem diversos estágios da vida cristã com instruções sobre a próxima coisa a ser feita[102] e pressupondo que aderir a uma teologia da predestinação significa crer em uma conversão que ocorre à parte dos meios, uma conversão que é inconsistente com as faculdades humanas naturais.[103]

Contudo, essa leitura de Sibbes é defeituosa por dois motivos. Primeiro, a teologia de Sibbes da reprovação dá conta de explicar aqueles que nunca responderiam salvificamente ao evangelho, que Sibbes chamava de "réprobos eternos". Embora ele acreditasse que nunca saberia quem eles são, também acreditava que sua pregação somente aumentava a condenação deles. Todavia, de maneira mais genérica, ele chamava os que viviam impiamente — os que não estavam em Cristo naquele momento — de réprobos. Novamente, não era possível diferenciá-los dos demais, mas ele presumia que eles existiam em suas congregações; suas exortações para que se convertessem eram direcionadas a eles. Embora ele exortasse os crentes a vir para Cristo e embora eles tivessem, diante de Deus, a obrigação de vir, eles não tinham — como ensina a tradição agostiniana — essa capacidade.

Considerando a situação pastoral de Sibbes — pregando quase unicamente para congregações cheias de membros do pacto —, não causa surpresa que ele dissesse que "Deus normalmente prepara aqueles que ele pretende converter, assim como costumamos arar de semear".[104] Sibbes passava boa parte de seu tempo exortando ouvintes comuns a fazer uso dos meios de graça para confirmar a própria conversão e "estabelecer" a fé.[105] Contudo, ele tinha o cuidado de di-

---

102 Cf. Lynn Baird Tipson Jr., "The Development of a Puritan Understanding of Conversion" (Ph.D. diss., Yale University: 1972), 322; "Lydia", em *Works*, 6:522.
103 Pettit, 17.
104 "Lydia", em *Works*, 6:522. Nesse sentido, Calvino também era um "preparacionista"; leia, por exemplo, *Deuteronomie*, 423, onde ele declarou que Deus "prepara os nossos corações para irmos até ele e recebermos sua doutrina", claramente referindo-se à conversão.
105 "Pattern", em *Works*, 7:510-11; "The Fruitful Labour for Eternal Food", em *Works*, 6:380.

zer que "toda preparação é de Deus. Não temos a capacidade de nos preparar ou de merecer coisas futuras pela nossa preparação; pois a própria preparação provém de Deus".[106] Para que ninguém pensasse que qualquer ação, por mais que fosse exigida ou útil, poderia ser uma fonte de jactância, Sibbes pregou que "é uma presunção tola acreditar que podemos nos preparar para a graça, como se uma criança no ventre pudesse adiantar seu próprio nascimento natural. Se Deus nos fez homens, não nos façamos de deuses".[107]

Sibbes ensinava que o principal meio que Cristo usava para preparar os corações para a salvação era pelo "ministério do evangelho".[108] "Na religião, o ouvir gera o enxergar. A morte veio primeiro pelo ouvir. Quando Adão deu ouvidos à serpente, o que ele não deveria ter feito, a morte veio pelo ouvir. Então, a vida vem pelo ouvir".[109] A pregação é a carruagem que carrega Cristo pelo mundo. Não há proveito em Cristo, exceto por meio da pregação".[110] Portanto, "a ordenança da pregação é a dádiva de todas as dádivas. Deus assim a considera; Cristo assim a considera.

---

106 "Lydia", em *Works*, 6:522; cf. "Josiah", em *Works*, 6:33; "Bruised Reed", em *Works*, 1:51, 72, 74; "Returning Backslider", em *Works*, 2:404; "Excellency", em *Works*, 4:219; "Fourth Chapter 2 Corinthians", em *Works*, 4:449-50; "Third Chapter Philippians", em *Works*, 5:83;. "Saint's Hiding-Place", em *Works*, 1:409-10; "Lydia", em *Works*, 6:523; "Breathing", em *Works*, 2:217. Perkins, *Gálatas*, 10, 43; *Hebreus*, 31; *Work*, ed. Breward, 156-57. Confira Stoever, *passim*; as conclusões de Tipson (315-41), que contêm uma crítica cuidadosa de Pettit e outros.
107 "Divine Meditations", em *Works*, 7:189.
108 "Description", em *Works*, 1:23-24; "Bowels Opened", em *Works*, 2:63; "Breathing", em *Works*, 2:216; "The Dead Man", em *Works*, 7:404.
109 "Excellency", em *Works*, 4:251-52; cf. "Fourth Chapter 2 Corinthians", em *Works*, 4:367, 377, 386; "Angels", em *Works*, 6:353; "Matchless Love", em *Works*, 6:409; "The Ruin of Mystical Jericho", em *Works*, 7:476; "Fruitful Labour", em *Works*, 6:380; "Lydia", em *Works*, 6:523; "Dead Man", em *Works*, 7:404-5; "Faith Triumphant", em *Works*, 7:434; "Divine Meditations", em *Works*, 7:198; Calvino, *Institutas*, 3.2.6, 3.2.31; Perkins, Hebreus, 28; "Foundation", em *Work*, ed. Breward, 148, 161 (e *Workes*, 1:79); John Coolidge, *The Pauline Renaissance in England* (Oxford, England: Oxford University Press, 1970), 142. Cf. Calvino, *Institutas*, 3.2.6, 3.2.31. Q. Perkins, *Hebreus*, 28; *Work*, ed. Breward, 161, 228.
110 "Fountain Opened", em *Works*, 5:508; cf. "Ungodly's Misery", em *Works*, 1:391; Perkins, *Workes*, 1:71.

Então, é assim que devemos considerá-la também".[111] De fato, todos os meios de graça relacionados à conversão têm a ver com a fala, que pode comunicar a Palavra de Deus, ou enfatizar aquilo que foi aprendido — "a boa companhia",[112] conversas,[113] a leitura,[114] a meditação[115] e a oração.[116] Isso não quer dizer que, invariavelmente, a palavra opera conversões; ela também depende do Espírito. "Pois, se não fosse o Espírito que persuadisse a alma enquanto o ministro fala, ai de mim! Todas as persuasões ministeriais seriam inúteis."[117]

É notável que os sacramentos não façam parte dessa lista de meios de graça para a conversão; como no caso da pregação, Sibbes advertiu contra a idolatria dos sacramentos e contra a ideia de que "Deus sempre confere graça com os sacramentos".[118] O papel dos sacramentos não é preparar para a conversão,[119] mas, em vez disso, fortalecer, confirmar ou garantir a fé que já está presente.

A convicção do pecado, embora seja o início da verdadeira conversão, também era chamada de "preparação".[120] Para descrever a convicção do pecado, Sibbes usou uma comparação que provavelmente

---

111 "Fountain Opened", em *Works*, 5:509.
112 "Bowels Opened", em *Works*, 2:166; "Matchless Love", em *Works*, 6:409.
113 "Returning Backslider", em *Works*, 2:355, 404; cf. "Third Chapter Philippians", em *Works*, 5:82.
114 "The Christian Work", em *Works*, 5:7.
115 "The Christian Work", em *Works*, 5:7; "Lydia", em *Works*, 6:530; "David's Conclusion", em *Works*, 7:90.
116 "David's Conclusion", em *Works*, 7:90.
117 "Excellency", em *Works*, 4:219
118 "First Chapter 2 Corinthians", em *Works*, 3:134.
119 Cf. "Returning Backslider", em *Works*, 2:379. Sibbes chamou os sacramentos de "meios de salvação", em uma lista que contém outras coisas na igreja, incluindo a pregação, mas ele estava levando em consideração toda a vida cristã (p. ex., "Breathing", em *Works*, 2:232). Por outro lado, seria estranho se ele tivesse chamado o sacramento de "meio de *conversão*".
120 "Josiah", em *Works*, 6:33; "Third Chapter Philippians", em *Works*, 5:82; "Angels", em *Works*, 6:333; "Fountain Opened", em *Works*, 5:506; "Lydia", em *Works*, 6:522; "Rich Poverty", em *Works*, 6: 242-43; "Witness", em *Works*, 7:370; "Excellency", em *Works*, 4:219; "Fourth Chapter 2 Corinthians", em *Works*, 4:340, 368. Contudo, observe que essa preparação é realizada por Deus. Cf. Preston, Breast-Plate, parte i, 160-61.

era comum: "Uma coisa dificílima é fazer um coração indiferente e inconstante clamar com um sentimento de misericórdia. Nossos corações, como criminosos, até que sejam derrotados em todos os seus subterfúgios, só clamam pela misericórdia do Juiz.[121] Esse desespero era "o início da consolação; a tribulação era o início da paz. A tempestade é o caminho para a calmaria e o inferno é o caminho para o Céu".[122]

Sibbes assegurava aos seus ouvintes que o arrependimento certamente acompanharia a convicção do Espírito.[123] "Vamos trabalhar para trazer descanso aos nossos corações através dos meios de graça, para que o bom Espírito de Deus me capacite a enxergar meu estado natural e para que eu saia dele."[124] A resposta do coração à exortação para crer e se arrepender é "o eco espiritual e a resposta da alma" que "procede do chamado do Espírito de Deus" e também o início da conversão.[125] Se o homem pode cooperar com Deus nesse "açoitamento", ao fazer coisas como ouvir a Palavra, é Deus quem o coloca nesse estado e, ao mesmo tempo, é um dever que o homem tem a obrigação de cumprir. "O cordeiro pascal deveria ser comido com ervas amargas; assim, Cristo, nossa páscoa, deve ser comido com arrependimento".[126] Quando o pecado fosse amargo para o pecador, o Espírito completaria sua obra preparatória, fazendo o pecado renunciar ao seu pecado.

---

[121] "Bruised Reed", em *Works*, 1:44. cf. 47; "Rich Poverty", em *Works*, 6:243-44; "Soul's Conflict", em *Works*, 1:194. Cf. Perkins, "Foundation", em *Work*, ed. Breward, 156.
[122] "Soul's Conflict", em *Works*, 1:158; Thomas Hooker, *The Soules Preparation* (London, 1638), 55. Se lembrarmos a diferença entre descrição e prescrição, desaparece a maioria das diferenças (e não todas) entre Perkins e Hooker que Pettit e Kendall sugerem. Cf. Robert Horn, "Thomas Hooker: The Soul's Preparation for Christ", em *The Puritan Experiment in the New World* (London: Westminster Conference, 1976), 19-37; Stoever, 192-99.
[123] "Excellency", em *Works*, 4:219.
[124] Angels", em *Works*, 6:354.
[125] "Excellency", em *Works*, 4:219.
[126] "Bowels Opened", em *Works*, 2:193; cf. "The Saint's Comforts", em *Works*, 6:171-72; "Lydia", em *Works*, 6:522.

Conclusão

Os mesmos meios que Sibbes encorajava os membros do pacto a usar para que fossem salvos eram aqueles que ele encorajava qualquer cristão a usar para confirmar a própria eleição ou para crescer na graça. Sibbes pregou: "Os cristãos passam por diversas fases [...] O homem, a mais perfeita das criaturas, é aperfeiçoado aos poucos".[127] Portanto, a maior parte de suas exortações poderia e deveria ser apropriada para diferentes grupos de ouvintes.

Sabendo que alguns crentes constantemente precisam ser assegurados da graciosidade de Deus, Sibbes os exortou a continuar a usar os meios de graça "na contínua dependência de Deus". O cristão, não menos do que o não regenerado, deveria dizer: "Eu vou usar esses meios, Deus pode abençoá-los; se ele não fizer, eu vou confiar nele; ele não está preso a esses, embora eu esteja".[128] Contudo, o uso dos meios na preparação do crente não significa que o Espírito não preparou o coração: assim como o Espírito iniciou o pacto desde antes da criação do mundo, a iniciativa é de Deus, tanto na conversão como na preparação.

Sibbes ficou conhecido pelo tipo de exortação que era especialmente apropriada à situação dele: a pregação sobre a eleição e sobre a conversão com base na estrutura pactual, com implicações para a vida prática e também para a teologia. No que tange à vida prática, ele pregava para congregações que ouviam a Palavra com tanta regularidade que ele podia focar quase exclusivamente em questões pastorais. Para a maioria de seus ouvintes, a apologética era desnecessária. Por isso, os sermões de Sibbes eram direcionados aos que haviam sido inseridos no pacto desde a infância e permaneciam na comunidade pactual, por convenção ou por convicção. Por uma razão ou por outra, eles frequentavam com regularidade a ministração da Palavra e a administração dos sacramentos e, desse modo, eram naturalmente inclinados

---

127 "Bruised Reed", em *Works*, 1:49.
128 "Saint's Hiding-Place", em *Works*, 1:421.

a uma vida religiosa com um desenvolvimento mais gradual, com menos senso de urgência. Em relação à teologia, os sermões de Sibbes se encaixam bem na estrutura pactual. A linha divisória entre convertidos e não convertidos, que era mais clara nas igrejas que ensinavam a coordenação entre batismo e regeneração, era turva. Consequentemente, nas congregações de Sibbes, dava-se muita atenção aos que conheciam bem suas obrigações, mas eram agnósticos em relação ao seu destino. Sibbes pregava que, devido ao batismo e à inclusão de seus ouvintes na comunidade pactual, eles eram especialmente obrigados a crer e a viver como cristãos — algo que eles não tinham a capacidade de fazer. Isso trouxe à tona o elemento gracioso da teologia cristã, pois Sibbes exortava-os com o amor eletivo de Deus.

A compreensão que Sibbes tinha acerca da natureza da comunidade pactual explica sua combinação de teologia reformada e a exortação para fazer uso dos meios na conversão. Por causa da compreensão que Sibbes tinha da comunidade pactual, ele era capaz de falar com certeza sobre o Espírito Santo "frequentemente batendo em seus corações, disposto a despertar neles alguns desejos santos".[129] Sibbes não fazia esse tipo de declaração por superestimar a natureza humana ou por acreditar em uma graça preveniente; era porque ele pregava em um contexto e com uma compreensão do cristianismo em que o conceito de pacto era amplamente aceito. Os pais assumiam a responsabilidade por seus filhos através do batismo e do treinamento religioso. Os ministros faziam o mesmo ao oferecer a Palavra aos ouvintes, semana após semana. Consequentemente, para aqueles que faziam parte da comunidade pactual, era possível encorajá-los à preparação sem se mostrar inconsistente com uma teologia completamente reformada. Sibbes não era um representante inconsciente de um moralismo incipiente; ele foi um dos últimos grandes pregadores reformados da Inglaterra a crer na teoria e conhecer na prática uma comunidade pactual oficialmente unida.

---

129 "Bruised Reed", em *Works*, 1:74.

CAPÍTULO 5

A Centralidade do Coração

Talvez a confusão em torno dos fundamentos reformados e da estrutura pactual da teologia de Richard Sibbes tenha decorrido de sua renomada paixão pela retórica.[1] Diversos escritores descrevem esse elemento afetivo em Sibbes como "misticismo", embora o termo não costume ser definido e, com frequência, é mal compreendido. "Praticamente qualquer cristão que orava com afeto era chamado de 'místico'".[2] Essa falta de definição existe em quase todos os estudos que

---

[1] Confira G.F. Nuttall, *The Holy Spirit in Puritan Faith and Experience* (Oxford, England: Basil Blackwell, 1946), 14; William Haller, *The Rise of Puritanism* (New York: 1938), 163; Norman Pettit, *The Heart Prepared: Grace and Conversion in Puritan Spiritual Life* (New Haven, Conn.: Yale University Press, 1966), 66. Cf. A observação de U. Milo Kaufmann é de que "Richard Sibbes é um dos personagens mais interessantes entre os teólogos puritanos do século XVII" (*The Pilgrim's Progress and Traditions in Puritan Meditation* [New Haven, Conn.: Yale University Press, 1966], 141); John R. Knott Jr., *The Sword of the Spirit: Puritan Responses to the Bible* (Chicago: University of Chicago Press, 1980), 61.

[2] Martin Thornton, *English Spirituality: An Outline of Ascetical Theology According to the English Pastoral Tradition* (London: Cowley, 1963), 13. Cf. David Knowles, *The English Mystical Tradition* (London: Burns and Oates, 1960), 2; Gordon S. Wakefield, "Mysticism and its Puritan Types", *London Quarterly and Holborn Review*, v. XCXI, 6th series, XXXV (1966): 34.

apresentam Sibbes dessa forma; entretanto, existe algo que já foi muito identificado como "misticismo" e que explica esses comentários frequentes sobre Sibbes. O objetivo deste capítulo é explorar Sibbes como um "místico", sugerindo que um adjetivo mais útil para compreendê-lo seria a palavra contemporânea "afetuoso".

O próprio Sibbes utilizou a palavra "místico" em algumas ocasiões; o que ele queria dizer era essencialmente "misterioso" ou alguma coisa que contém um conhecimento oculto.[3] Ele usava a palavra "mistério" com mais frequência,[4] referindo-se aos mistérios da encarnação,[5] da Igreja como o corpo de Cristo,[6] dos sacramentos,[7] bem como para se referir às passagens alegóricas e pouco claras da Escritura.[8] Negativamente, ele se referia ao "mistério do papado"[9] (aludindo à expressão "mistério da iniquidade", em 2Tessaloniscenses 2.7). Embora o termo "místico" seja pouco usado por Sibbes, essa descrição é suficientemente comum para chamar a atenção para o entendimento teológico que ele tinha acerca do homem.[10]

---

3   "Divine Meditations", em *Works*, 7:200.
4   "Bowels Opened", em *Works*, 2:135, 168; "Bride's Longing", em *Works*, 6:542-43; "Art", em *Works*, 5:178; "Divine Meditations", em *Works*, 7:216, 220; "Excellency", em *Works*, 4:289; "Fountain Opened", em *Works*, 5:466-68, 471, 474-75, 482, 511. Geoffrey F. Nuttall observou que, entre os escritores religiosos do século XVII, o termo "místico" costuma ser usado com o sentido de "misterioso" (Nuttall, "Puritan and Quaker Mysticism", *Theology*, v. LXXVIII [Oct. 1975]: 520).
5   "Fountain Opened", em *Works*, 5:482.
6   "Bowels Opened", em *Works*, 2:81; "Bride's Longing", em *Works*, 6:547; "Art", em *Works*, 5:192; "Christ's Suffering", em *Works*, 1:369; "Excellency", em *Works*, 4:242, 255, 264-65; "Fountain Opened", em *Works*, 5.464.
7   "Glorious Feast", em *Works*, 2:460-61.
8   "Bowels Opened", em *Works*, 2:137; "Fountain Opened", em *Works*, 5:513.
9   "Bowels Opened", em *Works*, 2:42-43; "Fountain Opened", em *Works*, 5:470-72, 475.
10 Sobre o "misticismo" na religião puritana, confira Joe Lee Davis, "Mystical Versus Enthusiastic Sensibility", *Journal of the History of Ideas*, v. IV/3 (June, 1943): 301-19; J.C. Brauer, "Puritan Mysticism and the Development of Liberalism", *Church History*, v. XIX (1950): 151-70; Trinterud, "The Origins of Puritanism", *Church History*, v. XX [1951]: 37-57; Maclear; Robert Middlekauff, "Piety and Intellect in Puritanism", *The William and Mary Quarterly*, 3rd series, v. XXII/3 (July, 1965): 457-70; Wakefield; Nuttall, "Mysticism".

As Faculdades

O instrumento que o Espírito de Deus tocou é o homem, "uma complicada estrutura de fluidos e espíritos, pó e coisas eternas".[11] Como alguém que era treinado em lógica, Sibbes teria uma tendência natural a descrever as faculdades do homem em vez de analisá-las. Desde Platão e Aristóteles, entende-se que a alma é dividida em diversas faculdades e poderes independentes que têm seu próprio funcionamento. Essa perspectiva é conhecida como "psicologia da faculdade" e sua forma mais popular concebia que a mente é composta de três faculdades: a vontade, o intelecto e as emoções (ou afeições). Embora alguns avanços biológicos tenham acontecido durante a vida de Sibbes (p. ex., Harvey descobriu a circulação do sangue e os experimentos de Kepler com o olho), o que cooperou para enfraquecer a teoria predominante dos "quatro humores" da fisiologia e da psicologia da faculdade, Sibbes parecia desconhecer essas descobertas. Por isso, uma análise cuidadosa do entendimento de Sibbes acerca das faculdades humanas esclarece uma característica distintiva de sua teologia que parece atrair seus leitores: a centralidade das afeições.

A apresentação de Sibbes da psicologia da faculdade pressupunha o seguinte: as faculdades primárias da alma são os sentidos, a imaginação e o coração, todos misturados com humores ou fluidos corporais (sangue, fleuma, bílis amarela e bílis negra); o excesso ou a falta de um desses humores influenciaria o temperamento e a saúde. Para o homem exterior agir, o homem interior precisa estar unido em desejo, desejando a ação de suas partes. Quando isso acontece, a ação acontece. Essa descrição apresentava o homem como adequadamente unificado, para que houvesse espaço para a culpabilidade do indivíduo, e também complexo o suficiente para explicar

---

11 Cohen, 25.

as diversas ações que os indivíduos poderiam realizar, bem como as ações conflitantes entre si e as motivações por trás dessas ações. Isso é fundamental para entender os conceitos de Sibbes sobre a depravação, a conversão e as operações de Deus na alma.

Sibbes empregava a palavra *alma* para se referir à totalidade da pessoa interior. "Nosso corpo é simplesmente o tabernáculo em que nossa alma habita; o ser do homem é principalmente a sua alma".[12] Embora a alma esteja no corpo, a maneira primária de obter informação é através dos sentidos físicos.[13] Os sentidos, por sua vez, são imediatamente conectados à imaginação, chamada de "fantasia"[14] ou "opinião".[15] Aqui, a imaginação não passa de um entendimento raso, refletindo a reação imediata dos sentidos à dor ou ao prazer. Então, a imaginação é o julgamento sensorial que naturalmente acontece à parte do julgamento racional e que desperta as afeições da alma diretamente.[16] Embora a alma tenha sido criada "em doce harmonia, como um instrumento afinado, preparado para qualquer dever",[17] desde a Queda, a imaginação tornou-se a causa de muitos problemas na alma.

Isso não significa que a imaginação não tenha uma utilidade positiva. "Devemos tornar a nossa imaginação útil nas coisas espirituais", ensinava Sibbes. "E, considerando que Deus condescendeu para representar coisas celestiais em termos terrenos, nós devemos seguir a maneira de Deus agir [...] Uma imaginação santificada é

---

12 "Saint's Hiding-Place", em *Works*, 1:408. Cf. a definição de Calvino acerca da alma: "uma essência imortal, todavia criada, que é a parte mais nobre do homem. Algumas vezes é chamada também de 'espírito'" (*Institutas*, 1.15.2).
13 "Bowels Opened", em *Works*, 2:40; "Soul's Conflict", em *Works*, 1:178.
14 "Bowels Opened", em *Works*, 2:40; cf. "Soul's Conflict", em *Works*, 1:137. A "imaginação", ou "fantasia", parece ser semelhante ao que hoje costumamos chamar de "sentimentos".
15 "Soul's Conflict", em *Works*, 1:178. Segundo Kaufmann, a discussão de Sibbes sobre a imaginação em "The Soul's Conflit" foi "a primeira análise detalhada do assunto no puritanismo do século XVI" (143).
16 "Soul's Conflict", em *Works*, 1:179-82.
17 "Soul's Conflict", em *Works*, 1:173.

capaz de transformar qualquer criatura em uma escada para o Céu." Tendo Deus revelado sua verdade, é papel da imaginação "colorir as verdades divinas e embelezar os artigos da fé".[18] Por isso, os sermões do próprio Sibbes são repletos de ilustrações marcantes. É quase possível reconstruir como seria a vida na Inglaterra dos Stuart somente com base nos sermões de Sibbes. Tudo — a "Gloria Patri" na igreja, os cegos nas ruas, as táticas militares e até a maneira como os ingleses viam as terras distantes — era usado por Sibbes para capturar a imaginação de seus ouvintes e "tornar a nossa imaginação útil nas coisas espirituais".

Por outro lado, o papel da "mente",[19] do "juízo",[20] do "entendimento",[21] localizado no cérebro,[22] é receber a informação dos sentidos através da imaginação — e através do discurso racional — para determinar o que é verdadeiro. Ao escolher o que será recebido como verdade, o entendimento se mostra sábio ou tolo.[23] Essa faculdade é a imagem de Deus na alma. Portanto, é o que separa os seres humanos dos animais.[24] Então, embora a palavra *alma* normalmente fosse utilizada para se referir à totalidade da pessoa interior, também, ocasionalmente, é empregada por Sibbes para se referir especificamente à parte do homem que o diferencia das demais criaturas: o entendimento.[25] Embora sua função seja dar

---

18 "Soul's Conflict", em *Works*, 1:185.
19 "Breathing", em *Works*, 2:218.
20 "Bowels Opened", em *Works*, 2:92; "Bruised Reed", em *Works*, 1:83; "Soul's Conflict", em *Works*, 1:178.
21 Breathing", em *Works*, 2:218-19, 221, 227, 237-38; "Bride's Longing", em *Works*, 6:544; "Bruised Reed", em *Works*, 1:83; "Soul's Conflict", em *Works*, 1:178, 246; "Saint's Safety", em *Works*, 1:297.
22 "Breathing", em *Works*, 2:218, 227; "Bride's Longing", em *Works*, 6:544.
23 "Breathing", em *Works*, 2:221, "Soul's Conflict", em *Works*, 1:246; confira também "Angels", em *Works*, 6:328. Cf. Thomas Adams, *Mysticall Bedlam* (London: 1629), 493.
24 "Breathing", em *Works*, 2:216, 227. Para a imagem de Deus sobre a humanidade caída, confira "Faithful Covenanter", em *Works*, 6:220; "First Chapter 2 Corinthians", em *Works*, 3:40, 135; cf. "Excellency", em *Works*, 4:267.
25 "Soul's Conflict", em *Works*, 1:245.

razões e pensamentos para que o coração tome decisões no governo da alma,[26] o entendimento no homem não regenerado, "desde a Queda, até ser iluminado e receber força do alto, obedece à imaginação" e aos "subornos" da vontade insubmissa, que trabalha com a imaginação.[27]

A Centralidade do Coração

Não são as declarações de Sibbes sobre a supremacia da razão na alma que são extraordinárias; o que impressiona o leitor é sua linguagem afetuosa.[28] Para Sibbes, o cristianismo é uma história de amor: Deus é essencialmente um marido para seu povo: "com o mesmo amor que Deus ama a Cristo, ele ama todos os seus".[29] "Veja como ele era cheio de amor. O que o trouxe do Céu para a terra e o levou para a cruz e para o túmulo senão o amor pela humanidade?"[30] Aliás, "a religião", dizia Sibbes, "encontra-se principalmente nas afeições".[31] Deus é o afetuoso, amoroso soberano, e todo "cristão sincero é [...] um favorito".[32] Considerando essa compreensão do cristianismo, não causa surpresa que Sibbes tenha publicado sermões sobre Cantares de Salomão; a poesia erótica do livro expressa bem "as alegrias e os elogios mútuos de Cristo e sua Igreja".[33] Sibbes percebeu que a linguagem sensual é uma poderosa metáfora para o

---

26 "Breathing", em *Works*, 2:218; "Bowels Opened", em *Works*, 2:9; "Saint's Safety", em *Works*, 1:297.

27 "Bruised Reed", em *Works*, 1:83; "Breathing", em *Works*, 2:221.

28 E.g., Richard Baxter incluiu Sibbes no topo de sua lista dos "ingleses que escrevem afetuosamente sobre a vida prática", a quem até a biblioteca do mais pobre deveria incluir (Richard Baxter, *A Christian Directory, Or, A Summ of Practical Theology and Cases of Conscience* [London: 1673], 922).

29 "Description", em *Works*, 1:12; cf. "Excellency", em *Works*, 4:242.

30 "Excellency", em *Works*, 4:262.

31 "Returning Backslider", em *Works*, 2:368.

32 "Yea and Amen", em *Works*, 4:131.

33 "Bowels Opened", em *Works*, 2:5. Cf. "Esse livro não é outra coisa senão a clara demonstração e apresentação do amor de Cristo por sua Igreja e do amor da Igreja por Cristo" ("Spouse", em *Works*, 2:200).

amor entre Deus e a alma.

"As cores vívidas, que são colocadas sobre as verdades comuns, costumam ter muito impacto em nossas imaginações, em nossa vontade e em nossas afeições",[34] e é a vontade e as afeições, disse Sibbes, que precisam ser alcançadas pelo pregador. "Quando falo sobre o coração, eu me refiro especialmente à vontade e às afeições".[35] Assim como o entendimento está no cérebro, a vontade, as afeições e os desejos estão no coração. Assim, com frequência, Sibbes usava as quatro palavras como sinônimas.[36] O coração é a faculdade à qual o entendimento entrega seus pensamentos e razões, "como acontece com o príncipe em relação aos seus súditos mais sábios e um Estado bem organizado em relação aos conselheiros".[37] O coração, por sua vez, afeta o entendimento. Segundo Sibbes, o coração essencialmente revela a pessoa.[38] Embora o coração, ou a vontade, sempre escolha "com o conselho da razão",[39] é o coração, e não a razão, a faculdade determinante (não julgadora) da alma,[40] especialmente no homem não regenerado. É a "fonte da vida",[41] o "movimento interior", os "pés", o "vento" da alma.[42] Portanto, Sibbes dizia, "o amor é o peso e a asa da alma, carregando-a para onde vai".[43]

Na Depravação

Sibbes apresentava até a depravação em termos afetuosos.

---

34 "Soul's Conflict", em *Works*, 1:184.
35 "Matchless Love", em *Works*, 6:403.
36 Bride's Longing", em *Works*, 6:544; "Breathing", em *Works*, 2:218, 227; "Bruised Reed", em *Works*, 1:83; "Soul's Conflict", em *Works*, 1:179-80, 184; "Josiah", em *Works*, 6:31; "Church's Visitation", em *Works*, 1:374. E também Perkins (cf. 562-63) e John Preston ("Breast-Plate", parte i, 86-87).
37 "Soul's Conflict", em *Works*, 1:245.
38 "Breathing", em *Works*, 2:219. Cf. Calvino, *Institutas*, 3.6.4.
39 "Excellency", em *Works*, 4:225
40 "Breathing", em *Works*, 2:221.
41 "Breathing", em *Works*, 2:227.
42 "Breathing", em *Works*, 2:218, 227; "Soul's Conflict", em *Works*, 1:159.
43 "Bowels Opened", em *Works*, 2:129.

Todos os não cristãos, disse ele, são "duros de coração";[44] antes da conversão, são "cheios de malícia e afetos baixos".[45] O coração carnal, envolto nas paixões e nas fortes afeições do mundo, naturalmente odeia a Deus e preza a corrupção e a rebelião contra ele.[46]

Segundo Sibbes, a preeminência do coração não é um resultado da Queda, mas uma característica central da criação de Deus.[47] Contudo, Sibbes reconheceu que problemas podem acontecer quando há insubmissão no coração ou na vontade; na alma, a vontade usurpa o papel legítimo do entendimento, e "o coração, sendo corrupto, coloca a inteligência para trabalhar, a fim de satisfazer a vontade corrupta".[48] Assim, a conversão e a santificação lidam tanto com o coração como com o entendimento. O coração é o objetivo, mas o discernimento é sempre o ponto de entrada.[49] Consequentemente, o papel do entendimento é "procriar", "liderar", "trabalhar em cima", "aquecer", "ascender" e até "incendiar" as afeições.[50] A razão, dizia Sibbes, "é um raio de luz da parte de Deus".[51]

Por outro lado, Sibbes não se satisfazia com uma religião inteiramente contida no cérebro; ele desprezava aqueles que "nunca enxergavam as coisas espirituais experimentalmente [...] embora

---

44 "Soul's Conflict", em *Works*, 1:177.
45 "Breathing", em *Works*, 2:234. Cf. a declaração de Calvino de que "nosso coração, por certo instinto natural seu, é propenso à incredulidade" (*Institutas*, 3.3.20).
46 "Angels", em *Works*, 6:342; "Bride's Longing", em *Works*, 6:540; "Demand", em *Works*, 7:487; "Fountain Opened", em *Works*, 5:471.
47 "Soul's Conflict", em *Works*, 1:159; cf. "Privileges", em *Works*, 5:276; "Church's Visitation", em *Works*, 1:374.
48 "Soul's Conflict", em *Works*, 1:145; cf. "Bruised Reed", em *Works*, 1:83; "Breathing", em *Works*, 2:221; "Divine Meditations", em *Works*, 7:194.
49 "Breathing", em *Works*, 2:218-19; "Bruised Reed", em *Works*, 1:83; "Divine Meditations", em *Works*, 7:200–201; "Saint's Hiding-Place", em *Works*, 1:419.
50 "Angels", em *Works*, 6:334, "Breathing", em *Works*, 2:218-19; "Excellency", em *Works*, 4:271; "Privileges", em *Works*, 5:282; "Soul's Conflict", em *Works*, 1:201, 245.
51 "Excellency", em *Works*, 4:234; cf. "Fountain Opened", em *Works*, 5:467. Cf. Nutall, *Holy Spirit*, 35-37.

eles conheçam essas coisas com o cérebro".[52] "O que um homem conhece na religião não vai além do que ele ama e abraça com as afeições de sua alma."[53] Abraçar alguma coisa com as afeições significava conhecê-la experimentalmente, pois "a vontade é a carruagem da alma".[54] Se a graça de Cristo estiver operando no coração de alguém de modo eficaz, o resultado é a prática do bem; por outro lado, ser advertido sobre desejos maus e, ainda assim, persistir neles é "ateísmo" no coração.[55]

NA CONVERSÃO

A conversão, então, precisa acontecer no coração. Embora precise incluir a santificação do discernimento, precisa incluir também a subjugação da vontade.[56] "Não é o conhecimento que conduzirá ao Céu, pois o diabo também tem conhecimento. É o conhecimento santificado, apoderando-se das afeições."[57] No homem não convertido, o coração ou a vontade passam por cima do entendimento, subornando-o e conduzindo-o com seus desejos carnais. Na conversão, tanto a mente como o coração precisam ser mudados — a mente é iluminada e os próprios desejos e sabores do coração são alterados.[58] Deus precisa entrar no coração para governá-lo,[59] apoderando-se das potências da alma, subjugando a insurreição interior do coração e a rebelião inata contra a verdade de Deus; ele precisa "tornar o coração

---

52 "Divine Meditations", em *Works*, 7:200-201.
53 "Fountain Opened", em *Works*, 5:478.
54 "Breathing", em *Works*, 2:218-19.
55 "Church's Riches", em *Works*, 4:524; "Soul's Conflict", em *Works*, 1:174-75.
56 "Breathing", em *Works*, 2:218.
57 "Breathing", em *Works*, 2:240.
58 "Returning Backslider", em *Works*, 2:416; "Breathing", em *Works*, 2:220, 222; "Description", em *Works*, 1:24; "Privileges", em *Works*, 5:284; "Bride's Longing", em *Works*, 6:541; "Excellency", em *Works*, 4:221; "Faithful Covenanter", em *Works*, 6:19; "Soul's Conflict", em *Works*, 1:268; "Divine Meditations", em *Works*, 7:199; "To the Christian Reader", "Exposition of the Creed", em *Works*, 1xlii; "Bowels Opened", em *Works*, 2:173.
59 "Bride's Longing", em *Works*, 6:551.

humilde"[60] abrindo o coração para crer e operando nele para fazê-lo arrepender-se.[61] Deus "inclina" o coração para si mesmo e "liberta a vontade" para servir a ele.[62] Embora o homem completo continue a ser afetado pela Queda, o entendimento iluminado terá uma capacidade cada vez maior de julgar corretamente, havendo obediência a ele, em vez de coação, permitindo, assim, que o homem se mostre diferente dos animais. Em Sibbes, as raízes tanto da depravação como da conversão estão no coração, embora ele não negue o papel essencial do entendimento.

Portanto, embora Sibbes ensinasse que a vontade, ou o coração, é a mais poderosa faculdade da alma, que precisa ser transformada na conversão, e que o entendimento nunca moverá a alma sem a vontade, nunca apresentou a religião como essencialmente *arracional*: "Todas as graças vêm através do entendimento iluminado".[63] A mente é "a parte mais excelente da alma".[64] O propósito da regeneração é "restabelecer" a "supremacia ideal da razão sobre a vontade".[65] No homem regenerado, o Espírito de Deus subjuga a vontade à sua Palavra, que vem por meio do entendimento. "Todas as consolações vêm para a alma através do conhecimento [...] De fato, todas as graças não são outra coisa senão o conhecimento digerido."[66] Se ser um místico, ou "experimental", é essencialmente exaltar o papel do coração como estando acima da mente, então esse termo não se aplica a Sibbes.

Na Motivação

Considerando a centralidade do coração nas apresentações

---

60 "Bride's Longing", em *Works*, 6:540.
61 "Yea and Amen", em *Works*, 4:122; "Art", em *Works*, 5:190.
62 "Knot of Prayer", em *Works*, 7:251; "Pattern", em *Works*, 7:511.
63 "Excellency", em *Works*, 4:258-59; cf. "Soul's Conflict", em *Works*, 1:245; "Description", em *Works*, 1:24.
64 "Angels", em *Works*, 6:334.
65 Miller, 260.
66 "Fourth Chapter 2 Corinthians", em *Works*, 4:459; cf. "Bruised Reed", em *Works*, 1:83.

de Sibbes acerca da depravação e da conversão, não causa surpresa que ele descrevesse a vida cristã como uma vida direcionada por amores e desejos santos. "O evangelho gera em nós o amor por Deus", disse ele.[67] Embora, inicialmente, esse amor possa ser apenas pela salvação que Cristo comprou, "quando ela [a alma] é conduzida a ele e se depara com a doçura que há nele, ela passa a amá-lo por quem ele é".[68] Deus se torna aquilo que a alma mais deseja. Ecoando as *Confissões*, de Agostinho, Sibbes escreveu: "A alma nunca se acalma até se encontrar com Deus [...] ele é aquele que a alma deseja".[69] Somente aqueles que amam a Deus, preferindo-o aos prazeres, riquezas e honras carnais, conseguem encontrá-lo.[70] Um desejo de fazer tudo para a honra de Deus e por amor a ele caracteriza a vida do cristão.[71] "Qualquer coisa que fizermos, se não formos movidos pelo Espírito, no amor de Deus em Cristo, não passa de moralidade. O que são as nossas realizações se não estiverem fundamentadas no amor de Deus?"[72]

Para o cristão, viver neste mundo significa estar separado do que ele mais deseja. Foi o que o próprio Cristo experimentou durante a encarnação.[73] Portanto, os cristãos também precisam entender que esta vida será marcada pelo anseio. Como Davi, o cristão deseja "ver a beleza de Deus em sua casa, para que sua alma possa deleitar-se na excelência dele e para que as mais altas potências da alma — seu entendimento, sua vontade e suas afeições — fiquem plenamente satisfeitas, para que ele tenha

---

67 "Description", em *Works*, 1:24.
68 "Divine Meditations", em *Works*, 7:217.
69 "Breathing", em *Works*, 2:217-18.
70 "Description", em *Works*, 1:24; "Spouse", em *Works*, 2:204; "Breathing", em *Works*, 2:222.
71 "Breathing", em *Works*, 2:220; "Excellency", em *Works*, 4:271.
72 "Description", em *Works*, 1:24.
73 "Fountain Opened", em *Works*, 5:533.

pleno contentamento".[74] "Portanto, devemos inclinar o coração a Deus",[75] pois o cristão só encontrará descanso no Céu, "onde todos os desejos serão realizados".[76] Em termos afetuosos, podemos dizer que o objetivo da vida cristã é "crescer em comunhão com Deus, por seu Espírito, diariamente adquirindo mais conhecimento, afeição, mais amor, alegria e deleite nas coisas melhores".[77] Portanto, os cristãos devem "esforçar-se para ter grandes afeições" por Deus e, consequentemente, por outros bens menores, especialmente por suas ordenanças, que são os meios de desfrutar de sua presença.[78] Enquanto os que estão no mundo sempre acabam perdendo o que desejam, os cristãos nunca perderão aquele que é nosso desejo maior.[79]

A principal afeição que Deus usa é o amor. Uma vez convertido, esse amor se torna a força-motriz da alma em direção a Deus. Como a "principal afeição da alma",[80] a "a primogênita afeição da alma",[81] o amor motiva a alma a agir. "O amor é uma afeição cheia de invenções", buscando, zelosamente, o prazer da pessoa amada.[82] Assim, o amor "nos constrange a obedecer",[83] porque "se esforça para agradar a pessoa amada de todas as maneiras possíveis".[84] Por isso, Sibbes exortou: "Amados, adquiram o amor [...] o amor nos derrete para sermos moldados à imagem de Cristo. O amor nos constrange e contém em si uma espécie de violência santa. As

---

74 "Breathing", em *Works*, 2:237-38.
75 "Soul's Conflict", em *Works*, 1:202.
76 "Breathing", em *Works*, 2:227-29.
77 "Breathing", em *Works*, 2:247.
78 "Fountain Opened", em *Works*, 5:478; "Returning Backslider", em *Works*, 2:266; "Breathing", em *Works*, 2:229; "Bowels Opened", em *Works*, 2:157; "Glorious Feast", em *Works*, 2:481.
79 "The Danger of Backsliding", em *Works*, 7:413.
80 "Soul's Conflict", em *Works*, 1:130.
81 "Sword", em *Works*, 1:105.
82 "Soul's Conflict", em *Works*, 1:181; "Excellency", em *Works*, 4:274-75; "Sword", em *Works*, 1:116.
83 "Danger", em *Works*, 7:411.
84 "Excellency", em *Works*, 4:271.

águas não podem apagá-lo. Nós nos gloriamos no sofrimento por aquilo que amamos. Nada pode apagar aquele fogo santo que o Céu acendeu. É uma graça gloriosa".[85] De forma semelhante, o amor realiza um "doce tipo de tirania", fazendo com que o homem esteja disposto até mesmo a morrer.[86] "Nada é difícil de amar; o amor carrega consigo todas as potências da alma."[87] Porque aquele que ama está disposto a fazer qualquer coisa para "contemplar a pessoa amada",[88] devemos "trabalhar por um espírito de amor [...] Nada é penoso para aquele que ama".[89]

Além do mais, como o amor "desperta a alma para se esforçar" pela pessoa amada, o amor por Deus tem como alvo não somente o prazer daquele que amamos, mas também a "união e a comunhão com a pessoa que afetamos".[90] Portanto, o cristão tem "esse desejo adicional de se familiarizar com Cristo" e anseia pelos "beijos de seu amor em nosso interior".[91] O amor faz com que o descanso seja encontrado somente na pessoa amada.[92] "O amor é uma afeição de união. Nós somos ligados ao que nós amamos."[93]

Desse modo, "quanto mais amoroso for o cristão, mais humilde será".[94] Contudo, Sibbes não usava isso para defender um ascetismo divinamente sancionado; embora o amor-próprio possa ser "uma corrupção comum que se apega à natureza de todos os homens",[95] há um tipo de amor-próprio que "Deus colocou em nós [...] que não

---

85 "Excellency", em *Works*, 4:274-75; "Divine Meditations", em *Works*, 7:221.
86 "Art", em *Works*, 5:182; cf. "Description", em *Works*, 1:9.
87 "Soul's Conflict", em *Works*, 1:279.
88 "Privileges", em *Works*, 5:276-77.
89 "Difficulty", em *Works*, 1:399.
90 "Privileges", em *Works*, 5:276-77.
91 "Spouse", em *Works*, 2:205.
92 "Privileges", em *Works*, 5:276-77.
93 "Judgment", em *Works*, 4:98.
94 "Privileges", em *Works*, 5:281-82.
95 "Soul's Conflict", em *Works*, 1:177.

é pecaminoso, mas é o amor pela preservação de nossa natureza".[96] O instinto de autopreservação, ou "amor-próprio", leva as pessoas a se importarem consigo mesmas, tanto física como espiritualmente. Então, o homem cresce espiritualmente tanto através do amor por Deus como por um amor piedoso por si mesmo.

Na Certeza da Fé

Sibbes ensinava que a análise do coração é essencial para indicar o estado da alma, pois "não há nada que caracterize e diferencie mais o cristão do que os desejos. Todas as outras coisas podem ser falsas. Palavras e ações podem ser falsos, mas os desejos e as afeições não podem ser, pois são produtos imediatos da alma".[97] O coração é o único lugar que o cristão pode examinar "em busca de evidências de nosso bom estado na religião. Não sondemos tanto o que Cristo realizou, mas sondemos nossos corações, examinando como temos nos relacionado com Deus por meio de Cristo, se nós cremos e testemunhamos que cremos, se conduzimos nossa vida de acordo com nossa fé, renunciando a tudo por Cristo".[98] Sem as afeições, o "homem [...] é como *mare mortuum*, o mar morto que nunca se agita",[99] "pois é a afeição que faz o cristão".[100]

O cérebro não é capaz de dar um testemunho convincente

---

96 "Returning Backslider", em *Works*, 2:266.
97 "Breathing", em *Works*, 2:219. Ver também "Breathing", em *Works*, 2:220-21; "Bowels Opened", em *Works*, 2:129; "Danger", em *Works*, 7:413; "Privileges", em *Works*, 5:282; "Pattern", em *Works*, 7:514-15; "Returning Backslider", em *Works*, 2:264; "Saint's Hiding-Place", em *Works*, 1:419. "Nós podemos dissimular palavras e ações, mas não podemos dissimular nossos desejos e afeições; podemos pintar o fogo, mas não podemos pintar o valor. Portanto, Deus nos julga mais por nossas afeições e desejos do que por nossas palavras e ações" ("Bride's Longing", 6:543). William Perkins sugere obter certeza da salvação por meio da santificação do coração, porque "nós sabemos que há fogo verdadeiro, não uma mera pintura, quando há calor, mesmo quando não há chama (*The Whole Treatise of the Cases of Conscience* [Cambridge, England: 1606], 77).
98 "Demand", em *Works*, 7:483; "Bowels Opened", em *Works*, 2:123; "Judgment", em *Works*, 4:101-2.
99 "Returning Backslider", em *Works*, 2:368.
100 "Faithful Covenanter", em *Works*, 6:10,12.

da conversão porque a religião pode ser conhecida pelo entendimento e, mesmo assim, ser uma estranha para o coração.[101] Como Sibbes observou, ao comentar a "apostasia" de Demas, "o que nos define não é o que sabemos, mas quanto amamos".[102] A certeza de um cristão nunca será maior do que seu amor. "Portanto, quando vemos que nossos corações ardem de amor por Deus, podemos saber que Deus brilhou em nossas almas no perdão do pecado; e proporcional à medida do amor é a certeza de que fomos perdoados. Portanto, devemos trabalhar por uma medida maior, para que nossos corações sejam incendiados com o amor de Deus".[103] Além do mais, as afeições não somente dão testemunho da conversão, mas também da santificação: "Se um homem perguntar, como eu sei que sou santificado? A resposta precisa ser: Eu creio, eu sei que é assim. A operação dessas coisas em mim é obra de Deus; mas a obra de discerni-las — como estão as nossas afeições — é nossa".[104]

Na Apostasia

Embora as afeições por Deus caracterizem o cristão, Sibbes reconheceu que não são os únicos desejos no coração do cristão. Até mesmo os melhores cristãos precisam saber que, "se examinássemos a nós mesmos [...] nos colocaríamos de joelhos envergonhados, ao considerar a quantidade de ateísmo que existe em nosso coração [...] que precisa ser mortificado e subjugado".[105] Sibbes advertiu que o mundanismo "deixará as suas afeições coladas na terra e não

---

101 "Divine Meditations", em *Works*, 7:200-201.
102 "Danger of Backsliding", em *Works*, 7:412; cf. "Glance of Heaven", em *Works*, 4:182.
103 "Returning Backslider", em *Works*, 2:264.
104 "Witness", em *Works*, 7:377.
105 "Faithful Covenanter", em *Works*, 6:11; cf. "Danger", em *Works*, 7:409; "Angels", em *Works*, 6:332; "Knot of Prayer", em *Works*, 7:248; "Christ's Suffering", em *Works*, 1:364; "Right Receiving", em *Works*, 4:62-63; "Soul's Conflict", em *Works*, 1:171; "Judgment", em *Works*, 4:86-87.

permitirá que sejam elevadas a Cristo".¹⁰⁶ É por isso que aqueles que têm menos bens terrenos frequentemente têm "almas mais amorosas" e "suas afeições são mais calorosas". Com menos a perder neste mundo, "um cristão pobre não se importa com disputas frias. Em vez disso, ele ama; e é por isso que uma pobre alma vai para o Céu com mais alegria do que as que estão cativas".¹⁰⁷ Então, "a vida do cristão deve ser uma meditação sobre como libertar as suas afeições das coisas inferiores. A morte será mais fácil para aquele que já morreu nas afeições [...] Aquele cujos pensamentos estão sempre no Céu vê-se livre de ser agitado de um lado para outro pelas tempestades aqui da terra".¹⁰⁸

Sibbes conhecia a liberdade das afeições que ele pregava. Quando Sibbes estava em seu leito de morte, registra-se que perguntaram a ele sobre como estava sua alma e ele respondeu que estaria pecando contra Deus se não dissesse que estava muito bem.¹⁰⁹

Contudo, não há uma garantia de que todos os cristãos terão uma morte tranquila. As menções frequentes que Sibbes fazia aos desvios do coração mostram que há um perigo real até mesmo para os convertidos; o perigo da apostasia é uma questão do coração tanto quanto o crescimento na graça. As afeições estão sempre prontas para se rebelar e — depois de se rebelar e de se unir a Satanás — para se tornar cada vez mais rebeldes.

Um "coração dobrado" é especialmente perigoso porque "abandonará a Deus assim que não for mais possível desfrutar daquilo que dividia espaço com Deus".¹¹⁰ As afeições divididas são uma marca do

---

106 "Spouse", em *Works*, 2:205-6.
107 "Divine Meditations", em *Works*, 7:194-95.
108 "Soul's Conflict", em *Works*, 1:164, cf. 159, 163, 286; "Bowels Opened", em *Works*, 2:186; "Providence", em *Works*, 5:42; "Christ is Best", em *Works*, 1:341; "Privileges", em *Works*, 5:283; "First Chapter 2 Corinthians", em *Works*, 3:208. Cf. Calvino, *Institutas*, 2.9.1.
109 Hartlib, *Ephemerides*, 1635.
110 "Soul's Conflict", em *Works*, 1:218-19.

coração não convertido, que é transformado na conversão.[111] O diabo pode satisfazer-se com metade do coração, mas "Cristo, não".[112] Portanto, o cristão deve "guardar-se dos prazeres do mundo, para que sua alma não se afogue, que é o que acontece com as almas de muitos que se afirmam cristãos".[113]

Sibbes ensinava que, se o amor é a luz da vida, então o amor pelas trevas é uma afeição que causa cegueira[114] — mas até entre aqueles que ficam temporariamente cegos, é possível que exista um "amor secreto por Cristo". Se esse for o caso, "a pulsação seguirá nessa direção e as boas afeições serão descobertas",[115] porque "seu coração está firme".[116] "Aquilo que o homem interior trata como supremo, aquilo que mais amamos, aquilo em que mais confiamos, aquilo que mais tememos, aquilo que é a maior causa de nossa alegria e deleite, aquilo a que mais obedecemos — esse é o nosso deus".[117] No fim das contas, o amor revela quem é o nosso Deus,[118] pois nenhum ser humano vive sem amar.[119]

Na Santificação

Por fim, assim como a depravação, a conversão, a apostasia e a certeza da fé são questões do coração, a santificação também é: o crescimento acontece através das afeições. É necessário, "portanto, esforçar-se para conhecer o mundo com o objetivo de odiá-lo. Na religião, quanto mais conhecemos, mais amamos;

---

111 "Breathing", em *Works*, 2:218. "A graça restringe a alma a uma coisa" "Breathing", em *Works*, 2:217.
112 "Spouse", em *Works*, 2:205-6; "Returning Backslider", em *Works*, 2:261.
113 "Spouse", em *Works*, 2:205-6.
114 "Spouse", em *Works*, 2:205-6.
115 "Bowels Opened", em *Works*, 2:48.
116 "Two Sermons", em *Works*, 7:355-56. Cf. Preston, Breast-Plate, parte iii, 215.
117 "Faithful Covenanter", em *Works*, 6:12.
118 "Soul's Conflict", em *Works*, 1:268; "Saint's Safety", em *Works*, 1:298.
119 "Privileges", em *Works*, 5:281-82.

mas, em relação às coisas do mundo, quanto mais conhecemos, menos nos afeiçoamos a elas [...] Quanto mais conhecemos as vaidades do mundo e as excelências da graça, mais amaremos uma coisa e odiaremos a outra".[120]

Ao meditar nas coisas da religião — e nas coisas do mundo —, crescem as afeições apropriadas a cada coisa. É fundamental a decisão do crente de "arar o próprio coração".[121] Sibbes disse que Deus nos faz "receber palavras em nosso interior, para despertar as graças de Deus em nós através de palavras, ampliando as afeições, e para manifestar o homem oculto do coração".[122] Isso faz com que Cristo seja "doce [...] para a alma".[123] Percebendo que as afeições são especialmente estimuladas pela visão,[124] é necessário esforçar-se para "enxergar as coisas espirituais experimentalmente".[125] É por isso que os exemplos dos homens são tão úteis para os crentes. Os exemplos causam grande impacto nas afeições.[126] E, acima de tudo, o crente deve olhar para Cristo: "Quando olhamos para a misericórdia de Deus em Cristo, essa misericórdia acende a chama do amor e o amor acende a chama do amor, como o fogo acende o fogo";[127] "provemos nosso amor trabalhando por aquela visão de Cristo que podemos ter".[128]

A pregação — especialmente a pregação afetuosa — é o principal meio de desenvolver essas afeições amorosas. Segundo Sibbes, essa é a pregação em que "Cristo é verdadeiramente apresentado aos corações do povo [...] o conhecimento e a pregação de Cristo em

---

120 "Danger", em *Works*, 7:413.
121 "Church's Visitation", em *Works*, 1:382.
122 "Returning Backslider", em *Works*, 2:260.
123 "Judgment", em *Works*, 4:92.
124 "Breathing", em *Works*, 2:243, 237; "Divine Meditations", em *Works*, 7:203-4; "Excellency", em *Works*, 4:251; "Fountain Opened", em *Works*, 5:478.
125 "Divine Meditations", em *Works*, 7:200-201.
126 "Christian's Work", em *Works*, 5:122-23; cf. 124; "Divine Meditations", em *Works*, 7:193.
127 "Excellency", em *Works*, 4:271.
128 "Spouse", em *Works*, 2:205.

seus estados e em seus ofícios".[129] "De fato, a pregação é a ordenança de Deus, santificada para gerar fé, para abrir o entendimento, para atrair a vontade e as afeições a Cristo [...] Portanto, se reconhecemos o valor da fé e de tudo que temos por meio dela, vamos nos esforçar para valorizar e reconhecer o valor dessa ordenança de Deus."[130] Porque Sibbes ensinava que "Deus abriu seu coração para nós em sua Palavra",[131] segue-se que "o Espírito de Deus se mostra mais presente nos períodos em que Cristo é mais pregado";[132] e, "onde as ordenanças de Cristo são preservadas com vida e poder, os homens têm afeições mais amplas e celestiais, o que pode ser testificado pela experiência dos cristãos".[133]

Embora a pregação tenha preeminência, outros meios também são incentivados aos crentes. Embora o estudo individual e a meditação nunca possam substituir a pregação, no que se refere ao estímulo das afeições, o cristão tem a obrigação de "voar muito alto em nossas meditações, enxergando as excelências de Cristo".[134] Assim como, na conversão, o evangelho precisa avançar do entendimento para o coração, a fim de se mostrar eficaz, os pensamentos "confortáveis" também precisam avançar do entendimento para o coração, para que sejam úteis.[135] Além disso, Sibbes exortou o crente a "erguer seu coração a Deus"[136], pois "ele ora pelas coisas que, como cristão, deseja e ele deseja as coisas pelas quais ora".[137] Orações que não refletem verdadeiros desejos do coração são hipocrisia, e não

---

129 "Description", em *Works*, 1:24.
130 "Fountain Opened", em *Works*, 5:514-15.
131 "Soul's Conflict", em *Works*, 1:212.
132 "Description", em *Works*, 1:24.
133 "Bowels Opened", em *Works*, 2:161.
134 "Danger", em *Works*, 7:409. Cf. 413; "Returning Backslider", em *Works*, 2:260; "Divine Meditations", em *Works*, 7:189.
135 "Two Sermons", em *Works*, 7:355-56. Essas foram as últimas palavras que Sibbes falou publicamente sobre as quais temos provas. Ele morreu naquela semana.
136 "Fountain Opened", em *Works*, 5:469.
137 "Breathing", em *Works*, 2:222; "Bride's Longing", em *Works*, 6:540.

orações genuínas.[138] Por fim, assim como é o coração que leva o cristão à comunhão com Deus, também é o coração que leva à comunhão com outros crentes. Como os outros meios de graça, a comunhão dos crentes estimula as afeições por Deus.[139]

Conclusão

Com sua linguagem afetuosa, Sibbes deixa claro que colocou o foco da piedade cristã no homem interior,[140] chegando a afirmar que o amor é a verdadeira raiz de todo o bem e de todo o mal:

> Precisamos saber que não é simplesmente o mundo que nos afasta de Deus e da bondade, mas é o amor pelo mundo. As coisas terrenas são boas em si mesmas e são dadas para tornar a nossa viagem para o Céu mais agradável [...] Use-as todos os dias como servas, não como se fossem senhores, e você terá o conforto delas. Não é propriamente o mundo que nos machuca, mas o fato de colocarmos nossos corações no mundo; em vez de ocupar nossos pensamentos com Deus, nossos espíritos estão sempre embriagados com as coisas de baixo [...] Este mundo e as coisas que nele há são boas e foram criadas por Deus para beneficiar a criatura. As nossas afeições imoderadas é que as torna prejudiciais e transformam tudo que era doce em amargura. Essa é a raiz de todo o mal.[141]

Em uma advertência contra a hipocrisia deliberada e contra o orgulho tolo, Sibbes interiorizou o cristianismo radicalmente.

---

138 "Knot of Prayer", em *Works*, 7:248.
139 "Bowels Opened", em *Works*, 2:161; "Bride's Longing", em *Works*, 6:541-42; "Description", em *Works*, 1:14.
140 Haller, 209.
141 "Danger", em *Works*, 7:412-13. Cf. Calvino, *Institutas*, 3.9.3-4.

Essa piedade interior não era vista primariamente como uma preocupação relativa às "experiências de união" com Deus, que costumam ser entendidas como a característica distintiva do misticismo. Em Sibbes, não há uma espiritualidade divorciada da racionalidade ou de uma ética antinomiana. Contudo, se a intenção diz respeito a "uma união do cristianismo sério com certa ternura de coração e uma fome e uma sede de Deus, e acredita-se que as metáforas da Escritura consagrem promessas definitivas de comunhão íntima com ele, não estamos errados ao falar de misticismo",[142] de modo que Sibbes poderia ser classificado como um místico. Talvez seja mais apropriado falar sobre o "lirismo tenro e quase incontrolável", evidente em seus sermões.[143] No fim das contas, se o foco de Sibbes no homem interior deve ser chamado "misticismo", é mais importante para um estudo do misticismo do que para um estudo de Sibbes.

Identificar a teologia "afetuosa" de Sibbes é importante para o entendermos e também a sua pregação com precisão. O entendimento que ele tinha da psique humana exige uma forte ênfase no estabelecimento do conhecimento salvífico no coração, refletindo-se na experiência e na prática. Em um coração unido, as afeições afetam, os desejos desejam e a vontade quer. O coração e o entendimento estão unidos e o coração estimula os humores corporais a buscar aquilo que é percebido como bom. Os humores obedecem à vontade e os membros exteriores trabalham para obter a coisa desejada. Assim, quando o objeto desejado é verdadeiro e bom, a alma está unida em seu desejo àquele objeto, e obtê-lo produz felicidade, contentamento e satisfação. Quando o objeto não é verdadeiro ou bom, há uma perturbação na alma e uma falta de contentamento mesmo quando se obtém o que se quer.

---

142 Wakefield, 45.
143 Nuttall, "Mysticism", 527.

Uma teologia do homem que consolidava a relação entre a crença do coração e a ação dos membros era especialmente apropriada no ambiente eclesiástico e sociopolítico de Sibbes. Entendia-se que cada pessoa era um microcosmo: atribuía-se o desejo aos sentidos, à imaginação, ao coração e aos membros; a imaginação, o entendimento e o coração são capazes de realizar algum tipo de julgamento. Assemelha-se a uma elite governante, com um conselho de assessores (o entendimento) aconselhando o governante mais poderoso (o coração) e comandando os membros inferiores. Sibbes descreveu o homem interior como o "consistório da alma".[144] O governante sábio ouve seus conselheiros, especialmente quando se aconselham com a Palavra de Deus, e trabalha em consonância com eles. O mau governante se esforça para subverter o juízo de seus conselheiros e trabalha à parte deles e contra eles. Com esse entendimento do homem, a pregação precisa ser a ordenança salvífica e, para avaliar a própria saúde, um reino bem administrado deve olhar para seus "ministros fiéis" — "as colunas deste mundo vacilante".[145]

---

144 "Soul's Conflict", em *Works*, 1:289.
145 "Providence", em *Works*, 5:50. Observe as declarações veementes que ele faz sobre esse assunto em "First Chapter 2 Corinthians", em *Works*, 3:279-80 (só publicado vinte anos após a sua morte).

CAPÍTULO 6

A Certeza da Salvação

Richard Sibbes pode ser facilmente considerado um expoente da tendência de muitos, nas décadas de 1620 e 1630, "de se tornar mais introspectivo em questões religiosas",[1] independentemente das implicações sociais ou dos interesses públicos. Como ele disse, "devemos ter uma visão dupla: com um olho, devemos olhar para o que há de errado em nós, nossas imperfeições, para nos colocarmos em uma posição de perpétua humildade; mas, com o olho da fé, devemos olhar para ver o que temos em Cristo, a nossa perfeição nele".[2] Esse "olho da fé" era crucial para pregadores piedosos como Sibbes, e não meramente por questões de piedade pessoal.

Uma visão espiritual capaz de enxergar que Deus estava trabalhando era essencial para ter certeza da salvação; mas

---

[1] Cliffe, *The Puritan Gentry*, 198; cf. Perry Miller, *The New England Mind: The Seventeenth Century* (New York: Harvard University Press, 1939), 55.

[2] "Bowels Opened", em *Works*, 2:85; cf. 136; "Divine Meditations", *em Works*, 7:187; "First Chapter 2 Corinthians", em *Works*, 3:448-49. Calvino, *Institutas*, 3.2.25.

esse olho da fé não olhava somente para o interior; também olhava para a mão de Deus trabalhando no mundo, principalmente na igreja. Era especialmente importante para um ministro conformista como Sibbes: a mesma dificuldade para equilibrar a piedade, a paciência e a paixão deveria caracterizar a jornada religiosa interior do crente — para encontrar a certeza da salvação, para ser consolado, para discernir a providência ou para instruir a consciência.

Este capítulo contém uma análise do entendimento de Sibbes sobre a certeza da fé, que é uma característica central de suas pregações, explorando a relação entre o entendimento de Sibbes e sua capacidade de permanecer na Igreja da Inglaterra. Nesse sentido, este capítulo pretende esclarecer a natureza do conformismo de Sibbes, mostrando que sua preocupação com a piedade interior foi o que permitiu que continuasse como um conformista em vez de ter-se voltado para o caminho do não conformismo.

A Certeza da Fé

A consolação, é claro, vem, acima de tudo, da certeza que se tem da própria salvação.[3] A retórica dos sermões sobre essa doutrina pode ser bastante confusa, assegurando ao crente duvidoso que sua eleição não se baseou em nada que há nele, e que sua perseverança é garantida pelo mesmo Deus que começou a boa obra nele (Filipenses 1:6), exortando, logo em seguida, que os crentes confirmem seu interesse em Cristo.

Seja qual tenha sido o grau de certeza da fé no início da pregação do evangelho protestante, no início do século XVII (se não antes), esse tipo de pregação deixava os ouvintes confusos. Se já existia uma confusão sincera no coração dos ouvintes sérios do século XVII, é muito mais fácil que a confusão exista entre os leitores

---

3 "Jubilee", em *Works*, 5:244.

modernos sobre a certeza da salvação. A junção de confusão com controvérsias (antes e agora) só serve para tornar ainda mais difícil a análise do entendimento de Sibbes sobre a certeza da salvação. Para entender as palavras de Sibbes com mais clareza, é necessário conhecer a tradição em que ele pregou.

Não se pode esperar que uma discussão sobre a certeza da fé que não é clara sobre o objeto da certeza tenha clareza sobre qualquer outro aspecto da discussão. É essencial saber se o que está sendo discutido é a certeza objetiva da fé — que Cristo é tudo que professa ser e que, livremente, salvará todo aquele que nele crê — ou a certeza subjetiva da fé, que é a certeza da própria salvação.[4] O primeiro sentido tinha proeminência no século depois da Reforma, especialmente nas polêmicas contra Roma.[5] A segunda ênfase, embora sempre fizesse parte da tradição reformada, tornou-se uma questão claramente distinta e proeminente na Igreja inglesa porque as questões pastorais começaram a receber mais atenção quando ficou mais claro que o protestantismo do reino de Elizabeth continuaria sob o reinado de James. Essa distinção é essencial quando consideramos o pano de fundo reformado das pregações de Sibbes sobre a certeza da salvação.

Robert Middlekauf escreveu que "a figura mais conhecida entre os puritanos é a alma atormentada, constantemente examinando cada pensamento e palavra, ora convencido de que o inferno o esperava, ora correndo atrás de um fragmento de esperança de que ele é salvo antes de, novamente, cair no desespero. Ele quer crer, ele tenta, ele fracassa, ele consegue, ele fracassa — sempre alternando entre estados de humor".[6] João Calvino reclamou que essa era

---

4 Para uma distinção breve, precisa e sistemática das duas, leia Louis Berkhof, *Teologia sistemática* (São Paulo: Editora Cultura Cristã, 2012).
5 Peter Lake, *Moderate Puritans and the Elizabethan Church* (Cambridge, England: Cambridge University Press, 1982), 98-106, 166-67.
6 Robert Middlekauff, "Piety and Intellect in Puritanism", *The William and Mary Quarterly*, 3rd series, v. XXII/3 (July 1965): 459.

exatamente a "certeza misturada com dúvidas" que alguns estavam ensinando em sua época:

> Eles admitem que, sempre que temos os olhos postos em Cristo, encontramos nele matéria plena para ter esperança; mas, como sempre somos indignos de todos esses bens que nos são oferecidos em Cristo, sustentam que, ao olharmos nossa indignidade, vacilamos e hesitamos [...] É assim que Satanás, quando vê que as máquinas de guerra com que antes costumava destruir a certeza da fé foram descobertas e agora de nada adiantam, esforça-se por destruir a esperança com oblíquos subterfúgios.[7]

Esse ensino sobre uma certeza hesitante e duvidosa foi o que os herdeiros reformados de Calvino, como Richard Sibbes, ensinaram?

O entendimento reformado pós-Reforma da certeza da salvação foi uma reação contra a doutrina católica romana da certeza da salvação, que foi sistematizada no Concílio de Trento em 1547.[8] O concílio definiu que a justificação ocorre ao longo do tempo, e não em um momento, dizendo que a justificação inicial do cristão — que ocorre no batismo — pode ser perdida através do pecado mortal.[9] A justificação final — o momento em que os pecadores são julgados por Deus como justos diante dele — necessariamente acontece depois da santificação, pois Deus não pode justificar (chamar de justo) pecadores enquanto ainda são pecadores.[10] Normalmente, a justiça de Cristo precisa ser transmitida a eles, e é necessário que essa justiça cresça ao longo de suas vidas pela graça de Deus,

---

7 Calvino, *Institutas*, 3.2.24.
8 "Decree on Justification", rep. em *The Christian Faith in the Doctrinal Documents of the Catholic Church*, rev. ed., eds. J. Neuner and J. Dupuis (New York: Alba House, 1982), 554-70.
9 "Decreto sobre a Justificação", capítulo 15.
10 "Decreto sobre a Justificação", capítulo 14.

administrada por meio dos sete sacramentos da Igreja. O "Decreto sobre a Justificação" do Concílio de Trento declara, no capítulo 9, qual é a consequência lógica desse entendimento sobre a justificação: que "ninguém pode saber com certeza de fé, a qual não pode estar sujeita a erro algum, que conseguiu a graça de Deus". O capítulo 12 foi explicitamente direcionado aos que acreditavam que poderiam saber com certeza que estavam no número dos eleitos à parte de uma revelação especial.[11] Então, ensinar a certeza da justificação final foi tido como equivalente a ensinar os pecadores a se considerarem perfeitos, um erro que leva à condenação.[12]

João Calvino

João Calvino escreveu sobre a salvação como se incluísse a certeza,[13] mas também reconheceu que "não imaginamos uma certeza tal que não seja tocada por nenhuma dúvida".[14] Isso não significava dar margem à posição romana de "que a fé não é líquida e certa, mas consiste somente de um conhecimento obscuro e confuso da vontade de Deus para conosco",[15] porque, "se somos distraídos por pensamentos variados, nem por isso somos separados da fé [...] É certo que isso vem desde longe, mas agora com um olhar direto, para que saibamos que não nos enganamos de forma alguma".[16] Em vez de experimentar a falta de certeza, ao depositar fé em uma fonte incerta de salvação, Calvino disse que os crentes deveriam "depositar aqui toda a nossa esperança e cravá-la bem fundo, por assim dizer; não olhar para nossas

---

11 Confira também o "Decreto sobre a Justificação", cânone 16.
12 "Decreto sobre a Justificação", capítulo 13, contém a "doutrina da dúvida".
13 Ver seus comentários sobre Gálatas 4:6 (mas é preciso observar que Calvino faz esse comentário no contexto das controvérsias contra Roma); Calvino, *Institutas*, 3.2.7.
14 Calvino, *Institutas*, 3.2.16, 17. Cf. 3.2.18, 37; 3.13.3; 3.24.6.
15 Calvino, *Institutas*, 3.2.18.
16 Calvino, *Institutas*, 3.2.18-19; cf. 3.2.14.

obras, nem pedir socorro algum por causa delas", como a base de nossa salvação. Isso não significa que o crente deva desconsiderar as obras ao considerar se foi realmente salvo com base na justiça de Cristo somente.[17] A certeza da salvação, nesse sentido — ter uma base segura para a salvação —, é inerente à fé verdadeira.

Calvino ensinava que, embora fosse necessário distinguir entre justificação e santificação, as duas coisas eram sempre inseparáveis na experiência do verdadeiro crente.[18] Essa inseparabilidade entre justificação e santificação em Calvino ajuda a explicar boa parte da confusão quanto à posição de Calvino sobre a certeza da salvação. Com frequência, diz-se que a posição de Calvino era que a fé salvífica necessariamente inclui a certeza da salvação, com a implicação de que as duas coisas são quase idênticas.[19] Contudo, muitas declarações de Calvino mostram que essa conclusão é falaciosa.[20] Embora seja possível interpretar Calvino como se ele incluísse a certeza da salvação na fé salvífica inicial, a partir da leitura de outras declarações, é mais satisfatório concluir que ele afirmava que a certeza da salvação faz parte da experiência normal do cristão com a fé salvífica ao longo de sua vida. Assim, e somente assim, a certeza da salvação torna-se uma experiência gratuita para todos os cristãos — embora não em todos os momentos —, mas claramente relacionada à santificação.

Em 1539, Calvino orou a Deus, lembrando a situação antes da Reforma — uma situação em que, "quanto à certeza de salvação que está prescrita e fundamentada em tua Palavra, havia

---

17 Calvino, *Institutas*, 3.13.4; cf. 3.14.18; Lynn Baird Tipson Jr., em "The Development of a Puritan Understanding of Conversion", (Ph.D. diss., Yale University: 1972), 102-4, concluiu que "Calvino aceitou, com muita cautela, a evidência confirmatória das boas obras, embora insistisse que a verdadeira fé era sua própria segurança".

18 Calvino, *Institutas*, 3.24.1.

19 Essa suposta equivalência em Calvino e a clara diferenciação no pensamento reformado posterior, bem como a questão relacionada do pacto, têm sido a força-motriz por trás da ideia de que os herdeiros de Calvino na Inglaterra radicalmente alteraram sua teologia (ver George Fisher, *History of Christian Doctrine* [Edinburgh, Scotland: 1896], 274, 299).

20 Calvino, *Institutas*, 3.13.5.

quase desaparecido. Por outro lado, tinham como coisa certa que, se alguém, protegido pela benignidade e a justiça de teu Filho, concebesse em si mesmo uma esperança de salvação certa e segura, isso era atribuído à sua louca arrogância".[21] No ensino e na pregação de Calvino, a experiência de seus ouvintes — que anteriormente eram católicos romanos e estavam sendo apresentados ao evangelho protestante — era repentinamente adquirir uma salvação segura, sendo ensinados, pela primeira vez, que sua justificação não dependia de sua santificação e que a certeza da salvação estava mais disponível do que a maioria imaginava. A simples perseverança na abstenção de práticas romanas e o ato de frequentar cultos protestantes tornaram-se evidências da verdadeira fé. Com o predomínio desse tipo de polêmica no entendimento de Calvino sobre fé, era natural que ele enfatizasse a primazia da obra de Cristo.[22]

Até mesmo entre aqueles que, interiormente, abraçavam as promessas de Deus,[23] Calvino claramente falou sobre "graus de certeza", dizendo que eram "bem conhecidos na fé".[24] Calvino incentivou seus ouvintes, para obter essa "certeza do reino dos céus", a olhar para o "penhor" que Deus deu aos crentes "na paixão e morte do Senhor Jesus Cristo".[25] "Cristo [...] é o espelho no qual precisamos [...] contemplar nossa própria eleição".[26] No entanto, Calvino também ensinou que, embora qualquer certeza da

---

21 João Calvino, "Reply to Sadoleto" (1539), tradução de J.K.S. Reid, *Calvin: Theological Treatises* (London: Westminster John Knox, 1954), 247. "A *Institutio* foi escrita para homens que sofriam sob a crueldade pastoral da igreja medieval" (T.H.L. Parker, *John Calvin: A Biography* (London: Westminster John Knox, 1975], 36).

22 Francois Wendel, *Calvin: Origins and Development of His Religious Thought*, tradução de Philip Mariet (London: Collins, 1963), 262.

23 Calvino, *Institutas*, 3.2.16; cf. 3.24.4.

24 João Calvino, *Sermons on 2 Samuel*, tradução de Douglas Kelly (Edinburgh, Scotland: Banner of Truth 1992), 199-201; cf. João Calvino, "Catecismo da Igreja de Genebra" (1545).

25 João Calvino, *The Sermons of M. John Calvin upon the Fifth Booke of Moses Called Deuteronomie*, tradução de Arthur Golding (London: 1583), 28.b.40; cf. 913.a.10; Calvino, *Institutas*, 3.24.5.

26 Calvino, *Institutas*, 3.24.5; cf. 3.17.10; 3.16.1; Calvino, *Deuteronomie*, 532.a.10.

salvação baseada na própria justiça fosse impossível,[27] "não proibimos, entretanto, que se estabeleça e confirme essa fé com todos os sinais e testemunhos da benevolência divina para com ela".[28] Os crentes devem considerar a "experiência"[29] uma "confirmação de nossa fé".[30] Embora não fosse salvífica, uma vida justa servia, essencialmente, para "ratificar"[31] o pacto que Deus fez com os crentes. Por fim, ao perceber o problema da hipocrisia,[32] Calvino também enfatizou a necessidade do testemunho do Espírito como o "selo de nossa adoção"[33] e escreveu:

> Cada um precisa olhar para si mesmo, para que o evangelho não seja pregado em vão e para que não carreguemos o mero nome de cristãos sem mostrar o efeito do evangelho em nossas obras. Pois até que nossa adoção seja selada pelo Espírito Santo, não pensemos que simplesmente ouvir a Palavra de Deus nos será de algum proveito [...] mas, quando temos a garantia em nossos corações de que suas promessas pertencem a nós, porque nós as recebemos com verdadeira obediência, apegamo-nos ao Senhor Jesus Cristo e nos submetemos ao governo dele: esse é um selo seguro de que Deus nos escolheu, para que não tenhamos

---

27 Cf. Calvino, *Institutas*, 3.17.5; cf. 3.13.3; 3.14.20.

28 Calvino, *Institutas*, 3.14.18; cf. 19-20; Calvino, *Gálatas*, 121. William K.B. Stoever defendeu que esse era o fundamento do silogismo prático em Calvino (Stoever, *A Faire and Easie Way to Heaven: Covenant Theology and Antinomianism in Early Massachusetts* [Middletown, Conn.: Wesleyan, 1978], 223n16).

29 Calvino, *2 Samuel*, 201.

30 Calvino, *Deuteronomio*, 240.b.10; Calvino, *Institutas*, 3.8.1; Cf. Calvino, *A Commentary on the Harmony of the Gospels*, tradução de T.H.L. Parker (Edinburgh, Scotland: Saint Andrews, 1972), II.194.

31 Calvino, *Deuteronomio*, 316.b.50; cf. 326.b.50; 554.b.50; 915.b.30-60; *Institutas*, 3.6.1; 3.16.1; João Calvino, *Epístolas Gerais* (São José dos Campos, SP: Editora Fiel, 2015).

32 Calvino, *Institutas*, 3.17.5.

33 Calvino, *Deuteronomio*, 913.b.60; cf. 316.b.50-317.a.10, 915.a.60; Calvino, *Gálatas*, 121; Calvino, *Institutas*, 3.2.24.

somente a aparência externa diante dos homens, mas também a verdade diante do nosso Deus.[34]

Calvino ensinou que a certeza subjetiva da salvação era distinta da fé salvífica e não era adquirida por meio de uma reflexão sobre a própria fé, mas olhando para Cristo como a única base da salvação, vivendo uma vida cristã e reconhecendo o testemunho direto do Espírito Santo no coração do crente.[35]

Os Reformadores Ingleses e os Contemporâneos de Sibbes

William Tyndale,[36] Thomas Becon,[37] John Jewel[38] e William Fulke[39] todos apresentavam essa mesma tríplice base para a certeza da salvação, que era a apresentação típica dos reformadores ingleses; ou seja, o entendimento era que a certeza da salvação resultava de uma consideração pela obra objetiva de Cristo, o testemunho interior do Espírito e as obras correspondentes da vida regenerada. Na maioria dos escritos dos reformadores ingleses, a doutrina da certeza da salvação foi especialmente importante na apologética contra

---

34 Calvino, *Deuteronomie*, 440.a.30.

35 Breward disse erroneamente que, para Calvino, olhar para Cristo (através da Igreja, da Palavra e dos sacramentos) é o único caminho para a certeza da salvação (Breward, 45). Por isso, ele disse que a proeminência desse assunto entre os puritanos tem origem em Perkins.

36 William Tyndale, *Parable of the Wicked Mammon*, rep. em *Doctrinal Treatises*, ed. Henry Walter (Cambridge, England: 1848), 89 [Christ], 101; cf. 113; Tyndale, *Exposition of the First Epistle of St. John* (1531), republicado em *Expositions and Notes*, ed. Henry Walter (Cambridge, England: 1849), 186, 207 [Spirit and *Works*].

37 Thomas Becon, "The Sick Man's Salve", em *Prayers and Other Pieces of Thomas Becon*, ed. John Ayre (Cambridge, England: 1844), 174, 176-78. Cf. Becon, "The Actes of Christe and Antichrist", em *Prayers*, 531.

38 John Jewel, *A Defense of the Apologie of the Church of England, Conteining an Answer to a certaine Booke lately set forth by M. Harding*, in *The Works of John Jewel*, ed. John Ayre (Cambridge, England: 1848), 3:241, 245, 247.

39 William Fulke, *A Discoverie of the Daungerous Rocke of the Popish Church*, in *Stapleton's Fortress Overthrown*, ed. Richard Gibbings (Cambridge, England: 1848), 229.

Roma. Como em Calvino, os escritos de Bradford às vezes parecem tratar a fé e a certeza da salvação como equivalentes;[40] outras vezes parecem diferenciá-las.[41] Contudo, em suas declarações públicas, parecia unir polemicamente os dois sentidos de certeza, com o objetivo de eliminar qualquer entendimento romano do evangelho.

Em seus escritos privados, ele distinguia pastoralmente entre a certeza da suficiência de Cristo somente e a certeza da aplicação disso em si mesmo. Parece que a distinção foi se tornando mais clara à medida que crescia a experiência pastoral da Igreja com a dúvida em meio a um evangelho seguro. Assim, embora a suposição de Gregory Martin, o católico romano inglês, de que seus oponentes viam a certeza da salvação como intrinsecamente ligada à fé, não fosse completamente infundada, William Fulke podia responder que a certeza da salvação era *desejável*, mas não era *necessária* para a salvação.[42]

William Perkins ensinava que a certeza da salvação era o supremo caso de consciência.[43] Embora os crentes apresentassem diferentes graus de certeza da salvação, ele sugeriu que era possível ter certeza examinando a si mesmo para ver se a própria fé "purificava o coração, limpava a vida e fazia abundar em boas obras".[44] Não que Perkins sugerisse que as boas obras pudessem salvar a pessoa; elas serviam apenas de testemunho para a realidade da fé salvífica[45]

---

40 Ver "Sermon on Repentance", em *The Writings of John Bradford*, ed. Aubrey Townsend (Cambridge, England: 1848) 76-77; "Fear", em *Writings*, 344.

41 Ver "Meditations", no prefácio do Novo Testamento de Tyndale, em *Writings*, 252; carta a Robert Harrington e sua esposa, em *Writings*, 116-17; carta a Mary Honywood, em *Writings*, 132; cf. 151-56.

42 William Fulke, *A Defense of the Sincere and True Translations of the Holie Scriptures into the English tong* (Cambridge, England: 1843), 415.

43 William Perkins, *The Whole Treatise of the Cases of Conscience* (Cambridge, England: 1606), 73-87.

44 William Perkins, *A Clowd of Faithful Witnesses, Leading to the heavenly Canaan: Or, A Commentarie upon the 11. Chapter to the Hebrewes, preached in Cambridge* (n. l., 1609), 26.

45 William Perkins, *A Commentarie, or, Exposition Upon the five first Chapters of the Epistle to the Galatians* (Cambridge, England: 1617), 186, 502.

— porque a eleição, a vocação, a fé, a adoção, a justificação, a santificação e a glorificação, embora fossem parcialmente sequenciais, "nunca estão separadas na salvação de qualquer homem, mas, como companhias inseparáveis, caminham sempre juntas".[46] A evidência de qualquer uma delas poderia servir para as outras.

Além disso, Perkins apresentou o testemunho interno do Espírito[47] (que normalmente vem "pela pregação, pela leitura e pela meditação da Palavra de Deus; e também pela oração e pelo uso correto dos sacramentos" e pelos "efeitos e frutos do Espírito"[48]) e o testemunho do espírito (ou consciência) santificado do crente (evidenciado pela tristeza pelo pecado, a decisão de se arrepender, o prazer nas coisas do Espírito e as obras apropriadas) como os dois testemunhos da adoção. Mesmo que o fruto fosse pequeno, Perkins incentivava seus ouvintes a crer. Ele acreditava que era como

> o homem que está em uma prisão fechada; se ele vê um pequeno raio de sol por uma pequena abertura, através daquele raio, ele desfruta do sol, embora não consiga ver o próprio sol. De modo semelhante, mesmo que a nossa fé, que é a mão de nossa alma, esteja misturada com fraqueza e corrupção; mesmo que sintamos uma medida tão pequena da graça de Deus em nós; mesmo que nosso conhecimento seja tão pequeno; é uma evidência de que o Espírito de Deus já começou a trabalhar em nossos corações e que, pela misericórdia de Deus, já começamos a nos agarrar a Cristo.[49]

---

46 Perkins, *Cases*, 74. E também Calvino, *Institutas*, 3.16.1.
47 Cf. William Perkins, "The Foundation of Christian Religion Gathered into Six Principles", republicado em Breward, 155-56, 158.
48 Perkins, *Cases*, 76.
49 Perkins, *Cases*, 347 (cf. 78).

Perkins exortava seus ouvintes em dúvida a "começar com a fé e, em primeiro lugar, simplesmente crer nas promessas de Deus, para depois, pela bondade de Deus, começar a sentir e experimentar sua misericórdia".[50]

As declarações reformadas confessionais[51] costumavam apresentar a certeza da salvação da mesma maneira, afirmando a base tríplice que resumimos acima. Os contemporâneos de Sibbes também. De muitas maneiras, os ensinamentos da Assembleia de Westminster sobre a certeza da salvação são um resumo da doutrina reformada do século anterior. Instruída pela longa experiência com polêmicas contra Roma e com o ministério pastoral, a Assembleia produziu uma declaração equilibrada que, por um lado, protegia contra a hipocrisia e, por outro lado, impedia que a fé salvífica fosse simplesmente tratada como equivalente à certeza da salvação.

O capítulo 20, que lida com a certeza da salvação, contém quatro artigos. No primeiro, a possibilidade da certeza da salvação é apresentada e é claramente diferenciada da vã ilusão dos hipócritas. No segundo, diz-se que o fundamento dessa certeza é "a divina verdade das promessas de salvação" e a evidência interna do "testemunho do Espírito de adoção que testifica com os nossos espíritos sermos nós filhos de Deus". No terceiro, a certeza da salvação é diferenciada da "essência da fé" e, ao mesmo tempo, como era possível alcançar essa certeza, diz-se que é "dever de todos agir com toda a diligência para tornar certas a sua vocação e a sua eleição, para que, assim, seu coração possa ser dilatado na paz e na alegria do Espírito Santo, em amor e gratidão para com Deus, na força e na alegria dos deveres da obediência, que são os frutos próprios dessa segurança; isso está, portanto,

---

50 Perkins, *Cases*, 347.
51 "Os Artigos de Lambeth", em Philip Schaff, ed., *The Creeds of Christendom with a History and Critical Notes*, 6th ed. (New York: 1931), 3:524; cf. H.G. Porter, *Reformation and Reaction in Tudor Cambridge* (Cambridge, England: 1958), 335-36, 365-71); "Os Artigos Irlandeses", em Schaff, 3:534; Capítulo 5, Artigo 5, "Cânones do Sínodo de Dort" em Schaff, 3:593.

muito longe de inclinar os homens à negligência". No último artigo, a possibilidade de essa certeza ser abalada, diminuída e interrompida na experiência dos crentes é claramente reconhecida.

Evidência da Certeza da Salvação

Para Sibbes, era incontestável que o cristão poderia e deveria ter certeza da própria fé, considerando o evangelho que ele adotou.[52] Essa persuasão do amor de Deus envolve um "duplo ato de fé".[53] Primeiro, há "um ato pelo qual a alma confia em Deus na reconciliação em Cristo, confia em Cristo como aquele que foi dado por Deus e confia na promessa".[54] Esse é o dom da fé salvífica que todo cristão recebe. Além disso, "há um ato de reflexão, por meio do qual podemos alcançar a certeza". Contudo, esse segundo ato nem sempre é realizado por todos os cristãos: "Primeiro, pela fé, nós nos aplicamos a Deus e, depois, aplicamos Deus a nós, para que ele seja nosso; o primeiro é o conflitante exercício da fé, o último é o triunfo da fé; portanto, a fé não é o mesmo que a certeza da salvação".[55] A fé salvífica e a certeza da salvação não devem ser confundidas (como os católicos romanos pensavam que os protestantes faziam). "Alguns pensam que não têm nenhuma fé porque não têm plena certeza", mas, na verdade, estão enganados.[56]

Além disso, Sibbes reconhecia que havia "homens carnais" que, presunçosamente, "queriam o Céu somente se pudessem continuar com suas cobiças".[57] Todavia, em um momento de tribulação, quan-

---

52 "First Chapter 2 Corinthians", em *Works*, 3:466; cf. "Bowels Opened", em *Works*, in *Works*, 2:47.
53 "First Chapter 2 Corinthians", em *Works*, 3:467; cf. "Yea and Amen", em *Works*, 4:142; "Salvation Applied", em *Works*, 5:393; "Faith Triumphant", em *Works*, 7:430.
54 "First Chapter 2 Corinthians", em *Works*, 3:467.
55 "Soul's Conflict", em *Works*, 1:266; cf. "Yea and Amen", em *Works*, 4:142.
56 "Bruised Reed", em *Works*, 1:62; cf. Von Rohr, 65–68.
57 "Salvation Applied", em *Works*, 5:391; cf. "Demand", em *Works*, 7:483; "First Chapter 2 Corinthians", em *Works*, 3:454, 458, 464, 469; "Bride's Longing", em *Works*, 6:545.

do precisassem de verdadeira consolação, a hipocrisia deles seria revelada pela falta de segurança.[58]

Sibbes ensinava que não era possível obter a certeza da salvação através do mérito,[59] nem refletindo sobre a eleição[60] ou por quem Cristo morreu.[61] Fundamentalmente, "é algo que precisa ser assegurado pelo Espírito Santo".[62] De fato, havia uma certeza que era simplesmente a reflexão da própria compreensão espiritual do homem.[63] Contudo, essa não era a obra do Espírito; o selo especial do Espírito vinha em momentos de grande tentação e tribulação, quando "a alma está tão sobrecarregada e agitada que não é capaz de refletir sobre si mesma sem muita dificuldade".[64]

Todavia, até esse selo precisava ser definido, o que Sibbes fez ao identificar as quatro obras do Espírito na alma: (1) Sua "voz secreta [...] para a alma que nós somos 'filhos de Deus'"; (2) a confiança que ele concede aos crentes para que se aproximem de Deus; (3) a santificação; (4) a paz de consciência e a alegria no Espírito Santo.[65] No espírito do crente, o testemunho do Espírito Santo se mostra nas "evidências da graça estampadas em seu coração".[66] Essas evidências no coração incluem "o descontentamento com nosso atual estado de enfermidade",[67] a simples fé em Deus quando alguém é atraído

---

58 "First Chapter 2 Corinthians", em *Works*, 3:458.
59 "Excellency", em *Works*, 4:296-97.
60 "First Chapter 2 Corinthians", em *Works*, 3:156; "Glance of Heaven", em *Works*, 4:182; "Glimpse", em *Works*, 7:496; Calvin, Institutes, 3.21.1.
61 "Angels", em *Works*, 6:354; "Glance of Heaven", em *Works*, 4:182.
62 "Angels", em *Works*, 6:352; cf. "Excellency", em *Works*, 4:220, 296; "Description", em *Works*, 1:21-22; "Faithful Covenanter", em *Works*, 6:9; "Soul's Conflict", em *Works*, 1:269; "First Chapter 2 Corinthians", em *Works*, 3:455-56.
63 "First Chapter 2 Corinthians", em *Works*, 3:455-56.
64 "First Chapter 2 Corinthians", em *Works*, 3:456.
65 "First Chapter 2 Corinthians", em *Works*, 3:456; cf. "Soul's Conflict", em *Works*, 1:288-89.
66 "First Chapter 2 Corinthians", em *Works*, 3:445; cf. 454, 457; "Demand", em *Works*, 7:483; "Danger", em *Works*, 7:413; "Divine Meditations", em *Works*, 7:189, 223; "Glance of Heaven", em *Works*, 4:182; "Bruised Reed", em *Works*, 1:69; Preston, Breast-Plate, parte ii, 84-85.
67 "Bowels Opened", em *Works*, 2:117; cf. "Bruised Reed", em *Works*, 1:97.

por ele[68], a consolação nas promessas de Deus,[69] a familiaridade com Deus e, consequentemente, a intrepidez para se aproximar dele como Pai,[70] o desejo de ser cada vez mais parecido com Cristo,[71] pensamentos confortáveis sobre a morte[72] e a disposição de morrer pela verdade de Deus.[73] Segundo Sibbes, até o desejo de ter a certeza da salvação é uma base para ter certeza.[74]

Em momentos de extraordinária tribulação, é dado um selo extraordinário de certeza — "a alegria do Espírito Santo e a paz na consciência",[75] operadas pelo Espírito na alma do crente para que ele se sinta seguro, mas essa não é a experiência universal dos crentes. Deus dá esses selos extraordinários "assim como os pais sorriem para os filhos quando eles mais precisam".[76]

Depois de discursar sobre os selos e a hipocrisia, volta-se para seus leitores e, com uma surpreendente mudança do pronome para a segunda pessoa do discurso, ele questiona: "Você já sentiu a alegria do Espírito nas atividades sagradas depois de lutar interiormente contra suas cobiças e conseguir vencê-las? Esse é um sinal seguro de que você foi selado por Deus".[77]

Sibbes também apresentava a santificação como uma evidência da salvação.[78] Em certo sentido, toda descrição que Sibbes dava

---

68 "First Chapter 2 Corinthians", em *Works*, 3:156; "Soul's Conflict", em *Works*, 1:198.
69 "First Chapter 2 Corinthians", em *Works*, 3:452; "Bowels Opened", em *Works*, 2:176.
70 "First Chapter 2 Corinthians", em *Works*, 3:456–57; cf. "Christian's Work", em *Works*, 5:25; "Faithful Covenanter", em *Works*, 6:12-13; "Knot of Prayer", em *Works*, 7:247; "Christ's Suffering", em *Works*, 1:364; "Excellency", em *Works*, 4:231-33; "Recommendation", Henry Scudder, A Key of Heaven, The Lord's Prayer Opened (London: 1620); rep. em *Works*, 1:lxxxvii-lxxxix.
71 "First Chapter 2 Corinthians", em *Works*, 3:453.
72 "First Chapter 2 Corinthians", em *Works*, 3:442; cf. "Yea and Amen", em *Works*, 4:131.
73 "Danger", em *Works*, 7:411; "Soul's Conflict", em *Works*, 1:252.
74 "Spouse", em *Works*, 2:204.
75 "First Chapter 2 Corinthians", em *Works*, 3:457; cf. 458-59; "Soul's Conflict", em *Works*, 1:288-89.
76 "First Chapter 2 Corinthians", em *Works*, 3:458.
77 "Yea and Amen", em *Works*, 4:136; cf. "First Chapter 2 Corinthians", em *Works*, 3:458; "Description", em *Works*, 1:22; "Excellency", em *Works*, 4:222.
78 "Returning Backslider", em *Works*, 2:255-56.

em um sermão de um cristão era um convite para que seus ouvintes examinassem a si mesmos, para que encontrassem esperança com base nas semelhanças ou arrependimento com base nas diferenças.[79] Ele escreveu: "Quando dois senhores se separam, os servos mostram qual dos dois serve ao seguir o próprio senhor. Bendito seja Deus, pois, em nosso tempo, podemos desfrutar da religião e do mundo; mas, se vierem tempos de perseguição, você escolheria Cristo e desprezaria a liberdade, as riquezas, o crédito por causa dele?"[80]

Embora Sibbes tivesse certeza de que as obras não tinham valor em relação à justificação, destacou que Paulo "não se gloria de seu comportamento e de sua sinceridade como a base de seu direito, mas como uma evidência de que seu direito é legítimo".[81] Nesse sentido, "todos nós precisamos encontrar nossa felicidade em nossa santidade".[82] Contudo, a imperfeição da santificação, especialmente a percepção que se tem acerca da própria santificação, faz com que a santificação seja uma evidência incerta. Sibbes disse que os cristãos "fazem análises muito diferentes de si mesmos, às vezes olhando para a obra da graça, às vezes para os resquícios de corrupção e, quando olham para isso, pensam que são desprovidos da graça".[83]

Todavia, esse não era o ensino "semipapista" que Calvino criticou; a diferença crucial era que os oponentes de Calvino estavam ensinando que o cristão *deveria* duvidar "ao olhar sua indignidade", enquanto Sibbes ensinava que o cristão *iria* duvidar por causa dos "resquícios de corrupção". Os oponentes de Calvino ensinavam que as pessoas deveriam olhar para Cristo e para si mesmas para

---

79 Ver "First Chapter 2 Corinthians", em *Works*, 3:447; "Rich Poverty", em *Works*, 6:257; "Difficulty", em *Works*, 1:396.
80 "Danger", em *Works*, 7:412; cf. "Faithful Covenanter", em *Works*, 6:14.
81 "First Chapter 2 Corinthians", em *Works*, 3:205.
82 "First Chapter 2 Corinthians", em *Works*, 3:469; cf. 446, 478; "Bruised Reed", em *Works*, 1:87; "Description", em *Works*, 1:14, 22; "Yea and Amen", em *Works*, 4:145; "Excellency", em *Works*, 4:221, 231; "Faithful Covenanter", em *Works*, 6:14.
83 "Bruised Reed", em *Works*, 1:50.

que fossem salvas; Sibbes ensinava que a pessoa deveria olhar para Cristo e para si mesma para saber se *foi* salva. Se havia alguma semelhança, as diferenças eram maiores. Sibbes ensinava que, por menor que fosse, se a santificação na vida do crente fosse autêntica, poderia ser uma grande fonte de consolação:[84] "Uma faísca de fogo é pequena, mas não deixa de ser fogo; e uma gota d'água é água tanto quanto o oceano inteiro. Quando um homem está em um lugar escuro [...] se ele tiver um pouco de luz brilhando nele por uma pequena fresta, aquele pequeno raio de luz revela que já rompeu o dia e o sol já nasceu".[85]

Por isso, Sibbes incentivava os crentes a examinar "a autenticidade da graça, e não a sua quantidade".[86] Toda oposição ao pecado era um significativo sinal da graça: "Ainda que enfrentemos muita oposição, se nos esforçarmos, ele nos ajudará; se fracassarmos, ele não deixará de nos amar; se formos guiados por ele, nós venceremos; se vencermos, seremos coroados [...] Essa convicção de que a fé será vitoriosa era um meio de torná-la vitoriosa".[87]

O Abuso e a Utilidade da Certeza da Salvação

Sibbes percebeu que o crente nem sempre está consciente de sua salvação.[88] Muitas razões podem explicar as diferentes experiências em relação à certeza da salvação — o pecado,[89] Satanás,[90] a

---

84 "First Chapter 2 Corinthians", em *Works*, 3:465, 470.
85 "First Chapter 2 Corinthians", em *Works*, 3:470-71; cf. "Bowels Opened", em *Works*, 2:117; "Bruised Reed", em *Works*, 1:99. O fato de Calvino, Perkins e Sibbes usarem esse mesmo exemplo demonstra a falácia de Pettit quando ele enfatiza o contraste substancial entre Sibbes e "a maioria que veio antes dele" (Pettit, *The Heart Prepared*, 70; cf. 73-74).
86 "First Chapter 2 Corinthians", em *Works*, 3:471.
87 "Bruised Reed", em *Works*, 1:99, 100.
88 "First Chapter 2 Corinthians", em *Works*, 3:466-67.
89 "First Chapter 2 Corinthians", em *Works*, 3:478; cf. "Christ is Best", em *Works*, 1:346; "Divine Meditations", em *Works*, 7:211-12.
90 "Sword", em *Works*, 1:110.

deserção de Deus,[91] o descuido do crente,[92] o temperamento natural ou a maturidade espiritual.[93] Contrariamente ao que era visto como a doutrina pastoral imensuravelmente cruel da incerteza da salvação, Sibbes ensinava que cada cristão tinha o dever de se esforçar para alcançar a certeza da salvação.[94] Ignorar a busca pela certeza da salvação era o mesmo que ignorar a busca pela própria salvação — não porque a certeza da salvação era necessária para ser salvo, mas porque era necessário ter a certeza de estar salvo.[95]

Portanto, Sibbes enfatizava a necessidade, os benefícios e as consolações da certeza da salvação em quase todo sermão que pregava.[96] Os cristãos devem esforçar-se para obter essa certeza, para que "Deus seja mais honrado, para sermos mais consolados por ele e para andarmos alegremente em meio às tribulações e tentações deste mundo".[97] Como os crentes seriam capazes de expressar gratidão e alegria e de, voluntariamente, suportar as provações se não tivessem certeza do resultado?"[98] Para Sibbes, a certeza da salvação concedia ao crente uma espécie de invulnerabilidade espiritual.[99]

---

91 "First Chapter 2 Corinthians", em *Works*, 3:482; "Faith Triumphant", em *Works*, 7:430-31.

92 "Church's Riches", em *Works*, 4:517; cf. "Two Sermons", em *Works*, 7:353; "Soul's Conflict", em *Works*, 1:199; "Faith Triumphant", em *Works*, 7:430.

93 "First Chapter 2 Corinthians", em *Works*, 3:467; cf. "Church's Riches", em *Works*, 4:510; "Faithful Covenanter", em *Works*, 6:21.

94 "First Chapter 2 Corinthians", em *Works*, 3:468; cf. 466, 476; "Description", em *Works*, 1:23; "Glimpse", em *Works*, 7:495; "Christ is Best", em *Works*, 1:342; "Two Sermons", em *Works*, 7:352; "Soul's Conflict", em *Works*, 1:124. A retórica de Sibbes contra Roma mostra-se mais acalorada em discussões sobre a questão pastoral.

95 "Returning Backslider", em *Works*, 2:264.

96 Ver "Church's Visitation", em *Works*, 1:381-82; "Danger", em *Works*, 7:411; "First Chapter 2 Corinthians", em *Works*, 3:460, 462, 466, 475; "Sword", em *Works*, 1:107; Frank E. Farrell, "Richard Sibbes: A Study in Early Seventeenth Century English Puritanism" [Ph.D diss., University of Edinburgh: 1955], 221.

97 "First Chapter 2 Corinthians", em *Works*, 3:468.

98 "First Chapter 2 Corinthians", em *Works*, 3:483; cf. "Glimpse", em *Works*, 7:495; "Returning Backslider", em *Works*, 2:273; "Spouse", em *Works*, 2:206; "Saint's Safety", em *Works*, 1:330-31; "Fourth Chapter 2 Corinthians", em *Works*, 4:450.

99 "Spouse", em *Works*, 2:207; "First Chapter 2 Corinthians", em *Works*, 3:91-93; "Art", em *Works*, 5:193; "God's Inquisition", em *Works*, 6:213.

Ah, o que mais poderia regar o meu coração e fazê-lo derreter senão a certeza e o conhecimento da virtude do precioso sangue do meu Redentor, aplicado à minha alma doente, na plena e gratuita remissão de todos os meus pecados, fazendo com que a justiça de Deus seja apaziguada? [...] Então, abaixo essa falsa opinião, essa doutrina perversa, que destrói toda consolação da piedade, fé e obediência a Deus.[100]

Por último, somente uma alma segura pode ser consolada na hora da morte, pois "quem é capaz de olhar diretamente para a eterna de miséria que acompanha a morte sem a esperança da vida eterna, sem ter a certeza de uma alegre mudança depois da morte?"[101]

Obtendo a Certeza da Salvação

Para crescer na certeza da salvação, é necessário "fazer uso de todas as ordenanças de Deus e utilizar todos os meios espirituais".[102] Isso inclui ouvir a pregação da Palavra, meditar nela, ler a Bíblia e outros bons livros, manter boas companhias e cuidar para não entristecer o Espírito Santo.[103] É necessário prestar atenção na consciência[104] e obedecer à Palavra.[105]

Para aqueles que estavam se esforçando para recuperar a certeza da salvação depois de terem pecado — "violações voluntárias na santificação" —,, Sibbes ensinava que "eles precisavam ser duros

---

100 "Glimpse", em *Works*, 7:495; cf. "Christ is Best", em *Works*, 1:341; "Returning Backslider", em *Works*, 2:264.
101 "First Chapter 2 Corinthians", em *Works*, 3:483; cf. 460, 464; "Bride's Longing", em *Works*, 6:552; "Christ is Best", em *Works*, 1:342.
102 "First Chapter 2 Corinthians", em *Works*, 3:480; "Divine Meditations", em *Works*, 7:209.
103 "First Chapter 2 Corinthians", em *Works*, 3:480-81; cf. Nuttall, *Holy Spirit*, 23-24.
104 "Demand", em *Works*, 7:486.
105 "Witness", em *Works*, 7:383; cf. "Excellency", em *Works*, 4:296-97; "Faith Triumphant", em *Works*, 7:432, 436-37; "Bowels Opened", em *Works*, 2:26; "Angels", em *Works*, 6:354.

consigo mesmos, mas também que precisavam entregar-se à misericórdia de Deus em Cristo, como na primeira conversão".[106] Em situações em que a pessoa não sabe por que não tem certeza da salvação, Sibbes ensinava que ela deveria começar buscando aqueles sinais mais óbvios e extraordinários: a alegria no Espírito Santo e a paz de consciência.[107] Contudo, o cristão sabe que, mesmo quando "não encontra uma consolação extraordinária do Espírito de Deus, o amor de Deus é constante". Portanto, ele pode deduzir a realidade do amor de Deus no presente com base em seu amor no passado.[108]

O crente deve ser encorajado pela obra da santificação em sua vida, mesmo que seja pequena: "Não desanime quando a efígie de uma moeda estiver quase apagada; ela continua a ter valor no mercado. Imagine a efígie de um príncipe em uma moeda velha (como, às vezes, vemos em uma moeda com a efígie do Henrique V). Não deixa de ter valor como dinheiro, mesmo que esteja um pouco rachada".[109] Em outros momentos, os amigos "conseguem ler as evidências melhor do que nós".[110]

No entanto, Sibbes estava determinado a não minimizar a natureza gratuita da salvação cristã. No caso daqueles que não se sentiam consolados, "precisamos julgar a nós mesmos [...] pela fé, e não com base em sentimentos; olhando para as promessas e para a Palavra de Deus, e não para nossos sentimentos e preocupações momentâneos".[111] Como Calvino, Sibbes ensinava que até as melhores ações do crente "precisavam de Cristo para perfumá-las";[112] depen-

---

106 "Bruised Reed", em *Works*, 1:70; cf. "Soul's Conflict", em *Works*, 1:123-24, 234.
107 "First Chapter 2 Corinthians", em *Works*, 3:459; cf. "Glimpse", em *Works*, 7:496.
108 "First Chapter 2 Corinthians", em *Works*, 3:459.
109 First Chapter 2 Corinthians", em *Works*, 3:461; cf. a lista de sete evidências em 472-75; as listas podem ser encontradas em: "Bowels Opened", em *Works*, 2:148, 154-55; "Bruised Reed", em *Works*, 1:87; "Returning Backslider", em *Works*, 2:255-56; "Rich Poverty", em *Works*, 6:254-63; "Witness", em *Works*, 7:380; Nuttall, Holy Spirit, 59.
110 "Bowels Opened", em *Works*, 2:107; cf. 131; "Soul's Conflict", em *Works*, 1:194.
111 "Bowels Opened", em *Works*, 2:103.
112 "Bruised Reed", em *Works*, 1:50.

der demais das obras é sempre um perigo para o coração humano. "Outra causa de inquietação é que os homens, por uma tendência natural ao papismo, fazem com que a consolação seja muito dependente da santificação, negligenciam a justificação e se apoiam demais nas próprias obras".[113] Quando a corrupção é tão forte que se torna impossível enxergar qualquer vestígio de santificação, o crente deve lembrar que a salvação não procede da certeza da salvação e que

> Deus é capaz de ver seu próprio Espírito em meio à confusão, mesmo quando o espírito [do crente] não é capaz de enxergá-lo. Então, vá para o sangue de Cristo! Sempre há consolação [...] antes de irmos até Cristo, é suficiente não vermos nada em nós mesmos, nenhuma qualificação; pois as graças do Espírito não são a condição para vir até Cristo, mas são as promessas para aqueles que recebem a Cristo. Portanto, vá até Cristo quando você não sente a alegria do Espírito ou a santificação do Espírito [...] e você será purificado e lavado de todos os seus pecados.[114]

Embora "proceda das obras a evidência para provar que a nossa fé é verdadeira, o direito que temos é somente por Cristo, é somente pela graça".[115] Essa deveria ser a base absoluta da certeza da salvação para o cristão, pois "nós estamos seguros porque ele nos segura, não porque nos agarramos nele. Como pode ser dito sobre uma mãe e seu filho: um segura o outro, mas a segurança do filho depende de ele ser segurado pela mãe".[116]

---

113 "Soul's Conflict", em *Works*, 1:138.
114 "First Chapter 2 Corinthians", em *Works*, 3:464; cf. 476-77; "Bowels Opened", em *Works*, 2:157; "Divine Meditations", em *Works*, 7:211; "Soul's Conflict", em *Works*, 1:124, 212-13; "Witness", em *Works*, 7:378.
115 "Faithful Covenanter", em *Works*, 6:5.
116 "Bowels Opened", em *Works*, 2:184.

Em resumo, Sibbes apresentava a certeza da salvação como um ato secundário de fé que não era dado a todos os cristãos, mas dependia da vontade de Deus e das ações do crente.[117] Como é possível que verdadeiros cristãos duvidem da própria salvação e que hipócritas se iludam, é necessário buscar a certeza da salvação. Teologicamente, a certeza da salvação que Sibbes buscava era típica entre os protestantes; era mais um diagnóstico do que uma previsão. O que era incerto na discussão de Sibbes sobre a certeza da salvação não era a própria salvação, mas a percepção dela. Embora Sibbes e outros ensinassem (como seus predecessores, incluindo Calvino) que as "boas obras" confirmavam a salvação, não ensinavam que essas obras estariam sempre presentes, que seriam evidentes para os eleitos em todos os momentos ou que estariam presentes somente nos eleitos. Sibbes afirmava o que se pode chamar de "tríplice base reformada da certeza da salvação": uma consideração pela obra objetiva de Cristo, o testemunho interior do Espírito e as obras correspondentes da vida regenerada.[118]

Consistente com seu ambiente pastoral, Sibbes focava especialmente na realidade incessante da dúvida na vida do crente. Esse elemento é mais proeminente em seus escritos pastorais do que em seus escritos polêmicos. A vida do crente é sempre uma evidência de seu estado espiritual, mas nem sempre é possível discernir; em ocasiões de necessidades especiais, o Espírito testifica internamente ao crente atribulado. No entanto, Sibbes deixou claro em suas pregações que a obra objetiva de Cristo é o único fundamento não de uma mera salvação abstrata, mas de nossa própria participação nela. Para obter a certeza disso, ele ensinou que a consciência desempenha papel fundamental.

---

117 Confira Stoever, 129-37.
118 Cf. Heinrich Heppe, *Reformed Dogmatics Set Out and Illustrated from the Sources*, tradução de G.T. Thomson (London: 1950), 585-89.

CAPÍTULO 7

O Papel da Consciência

Uma pessoa não é composta somente por suas faculdades naturais. "Em sua grande misericórdia", Deus deixou a consciência.¹ Sibbes ensinou que a consciência no homem age como "o vicário [de Deus]; um pequeno deus em nós que exerce o seu ofício, chamando-nos, direcionando-nos, examinando-nos e condenando-nos".² Essa citação resume os diferentes papéis da consciência no arrependimento e na conversão, na santificação e na orientação.

Em seus sermões, Sibbes falava sobre a consciência em termos exaltados, como o "vice-regente e delegado [de Deus] em nós",³ O juiz de Deus, seu trono na alma, seu "tribunal, por assim dizer, onde ele realiza seu julgamento".⁴ Para seus ouvintes advogados na Gray's Inn, ele trabalhava em cima das

---

1   "First Chapter 2 Corinthians", em *Works*, 3:209.
2   "Bowels Opened", em *Works*, 2:62; cf. "St. Paul's Challenge", em *Works*, in *Works*, 7:395; "Demand", em *Works*, 7:486; "Soul's Conflict", em *Works*, 1:148, 211.
3   "Judgment", em *Works*, 4:83; "First Chapter 2 Corinthians", em *Works*, 3:209.
4   "Bowels Opened", em *Works*, 2:107-8; "Bruised Reed", em *Works*, 1:78, 84; "First Chapter 2 Corinthians", em *Works*, 3:211.

ilustrações jurídicas de Paulo, descrevendo a consciência como um informante, um acusador, uma testemunha, um juiz e um carrasco,[5] todos juntos no tribunal de Deus, o "tribunal [inferior] da consciência".[6] A consciência, basicamente, "exerce a função de Deus" em nós.[7] É um "capelão real, um teólogo doméstico" dentro da alma.[8] Com base nas origens etimológicas no grego e no latim, Sibbes ensinava que a consciência é um "conhecimento *com* Deus", especialmente um "conhecimento do coração com Deus" que foi posto na alma por Deus.[9] Até os analfabetos podem "ler" esse "livro"[10] que foi "escrito em seus corações".[11]

O Testemunho Interior

Sibbes ensinou que a principal maneira de a consciência exercer a função de Deus na alma é "acusando-nos por causa de nossos pecados", (como em Romanos 2.15).[12] Aqueles que contrariam suas consciências e vivem no pecado abusam da liberdade cristã,[13] enfraquecem sua fé[14] e suas afeições pelo que é bom e deterioram

---

5 "First Chapter 2 Corinthians", em *Works*, 3:210; "Soul's Conflict", em *Works*, 1:144-45; Cf. "Bowels Opened", em *Works*, 2:94.

6 "Judgment", em *Works*, 4:85, 91-92; "Soul's Conflict", em *Works*, 1:144-45; "First Chapter 2 Corinthians", em *Works*, 3:210. Cf. Calvino, Institutas, 3.13.3; 3.19.15; 4.10.3.

7 "Soul's Conflict", em *Works*, 1:175; cf. "Fountain Sealed", em *Works*, 5:419.

8 "First Chapter 2 Corinthians", em *Works*, 3:212.

9 "Yea and Amen", em *Works*, 4:118; "First Chapter 2 Corinthians", em *Works*, 3:208-10; João Calvino, *Institutas*, 3.19.15; cf. 4.10.3); Gouge, parte xiii, 155 (nessa seção, a análise de Gouge acerca da consciência é um modelo da prática ramista de compreensão pela divisão).

10 "Demand", em *Works*, 7:489-90.

11 "First Chapter 2 Corinthians", em *Works*, 3:210.

12 "Bowels Opened", em *Works*, 2:111; cf. "Angels", em *Works*, 6:333; "Christ's Suffering", em *Works*, 1:360; "Art", em *Works*, 5:183; João Calvino, *Comentário de Romanos* (São Jossé dos Campos: Editora Fiel, 2014), pp. 103-105; Calvino, *Institutas*, 3.19.15; 4.10.3; Heinrich Bullinger, também, em suas *Decades* (Cambridge, England: 1849), 1:194-95.

13 "Divine Meditations", em *Works*, 7:194.

14 "Excellency", em *Works*, 4:254; "Knot of Prayer", em *Works*, 7:242.

seu amor por Deus e o senso do favor de Deus.[15] Eles são impedidos de se achegar confiantemente a Deus, pois calaram a boca da consciência.[16] Sibbes diz que essas pessoas estão "mortas para as boas ações"[17] e são "piores do que sodomitas".[18] Elas renunciam ao batismo, alimentam suas corrupções,[19] mortificam seus espíritos[20] e jogam fora a consolação.[21] Ademais, evidenciam que não estão sendo ensinadas por Cristo por meio de seu Espírito.[22] Elas não podem pensar que amam a Deus,[23] que seu Espírito habita nelas, que elas têm alguma coisa a ver com Cristo, que Deus será misericordioso com elas[24] ou que elas vão para o Céu.[25] Embora usem o uniforme de Cristo, essas pessoas servem ao inimigo de Cristo[26] e, por isso, não podem esperar nada de Deus, exceto sua vingança.[27] Essa "consciência inflamada não é capaz de suportar a presença de Deus",[28] porque somente nos aterroriza e enche de medo, especialmente de Deus.[29]

Em vez de descartá-la, precisamos dar ouvidos ao veredicto da consciência. Sibbes ensinou que há dois tipos de veredictos da consciência: o natural e o espiritual.[30] O primeiro tipo é o veredic-

---

15 "Privileges", em *Works*, 5:283.
16 "Demand", em *Works*, 7:488; "Excellency", em *Works*, 4:254; "Knot of Prayer", em *Works*, 7:242.
17 "Excellency", em *Works*, 4:237.
18 "Ungodly's Misery", em *Works*, 1:389.
19 "Demand", em *Works*, 7:487.
20 "Knot of Prayer", em *Works*, 7:242.
21 "Divine Meditations", em *Works*, 7:194.
22 "Description", em *Works*, 1:23.
23 "Description", em *Works*, 1:23.
24 "Description", em *Works*, 1:23.
25 "Divine Meditations", em *Works*, 7:189; "Saint's Safety", em *Works*, 1:328.
26 "Angels", em *Works*, 6:343; "Demand", em *Works*, 7:487.
27 "Demand", em *Works*, 7:490-91.
28 "Breathing", em *Works*, 2:223.
29 "Soul's Conflict", em *Works*, 1:222; "Rich Poverty", em *Works*, 6:261.
30 "Divine Meditations", em *Works*, 7:210.

to comum da consciência e é fraco; ele não é suficiente para que um homem mude, mas somente o atormenta.³¹ Todos os não cristãos experimentam esse veredicto comum do Espírito.³² Sibbes usa uma ilustração dramática para descrever esse medo da consciência no homem não regenerado: "ele não pode voltar para a casa de sua consciência",³³ pois sente medo da própria consciência; os não regenerados são como "estranhos na própria casa, sentindo mais medo de si mesmos do que de qualquer outra coisa".³⁴ Sibbes descreveu os tormentos da culpa na consciência usando o exemplo de Charles IX, "o qual, depois do massacre traiçoeiro que promoveu, nunca mais conseguiu ter paz e tranquilidade. Por isso, toda noite, na hora de descansar, que é o período em que a consciência mais trabalha, ele precisava receber os meninos cantores".³⁵

Uma das ideias mais recorrentes em Sibbes é que, inevitavelmente, a consciência cumprirá seu papel de juiz, nesta vida ou na próxima:³⁶ "Quanto mais sua consciência é silenciada e violentada neste mundo, mais se abrirá no momento da morte e no dia do julgamento".³⁷ Portanto, Sibbes incentivava seus ouvintes a estarem atentos para suas consciências agora, pois Deus poderia fazer de

---

31 "Soul's Conflict", em *Works*, 1:152; cf. "First Chapter 2 Corinthians", em *Works*, 3:90-91, 209; "Saint's Safety", em *Works*, 1:298-99; Calvino, *Institutas*, 3.13.3.

32 "First Chapter 2 Corinthians", em *Works*, 3:222, 208; cf. "Excellency", em *Works*, 4:278; "Angels", em *Works*, 6:348; "Soul's Conflict", em *Works*, 1:153; Calvino, *Institutas*, 4.20.16; Calvino, *Romanos*, 37, 48.

33 "Saint's Hiding-Place", em *Works*, 1:406.

34 "Soul's Conflict", em *Works*, 1:145, 228; cf. "First Chapter 2 Corinthians", em *Works*, 3:224.

35 "First Chapter 2 Corinthians", em *Works*, 3:226.

36 "Bowels Opened", em *Works*, 2:111; "Bruised Reed", em *Works*, 1:97; "Christ is Best", em *Works*, 1:342; "Excellency", em *Works*, 4:254; "Soul's Conflict", em *Works*, 1:150; "First Chapter 2 Corinthians", em *Works*, 3:211. Cf. Bullinger, 1:195-96.

37 "First Chapter 2 Corinthians", em *Works*, 3:226; cf. 212, 224; "Fountain Opened", em *Works*, 5:494-95; "Angels", em *Works*, 6:345; "Christ is Best", em *Works*, 1:342; " Saint's Comforts", em *Works*, 6:172; "Excellency", em *Works*, 4:276; "Yea and Amen", em *Works*, 4:140; "Inquisition", em *Works*, 6:17; "Christ's Suffering", em *Works*, 1:363; Calvino, *Institutas*, 3.12.4; 4.10.3.

suas camas seus túmulos.[38] Eles deveriam fazer amizade com suas consciências agora, pois "a consciência [...] ou é o maior amigo ou é o maior inimigo do mundo".[39]

Com a ajuda do Espírito, sendo iluminada por ele, a consciência prevalece contra o homem para que ele siga inteiramente sua consciência e para exercer a função de Deus contra ele.[40] Ao colocar a consciência acusadora no homem, a intenção de Deus sempre foi triunfar sobre ela por meio de Cristo,[41] que, pelo seu Espírito, expurga a consciência, lavando-a em seu próprio sangue e, assim, ela é finalmente pacificada.[42]

A Convicção do Pecado e a Santificação

Em Sibbes, a fé não pressupõe a segurança pessoal, mas é fundamentalmente antitética a ela e está sempre se guardando dela. Ele ensinava que a "segurança" é um estado perigoso porque é o estado em que o crente deixa de prestar atenção na consciência.[43] Uma segurança que pode livrar-se da consciência não é para este mundo; em vez disso, a consciência tem um papel não somente na conversão, mas também na santificação, exigindo que o cristão dê atenção à sua consciência.

Sibbes defendia esse papel contínuo da consciência por dois motivos. O primeiro motivo é que a consciência é importante: "todo homem deve seguir a maioria dos ditames da própria consciência, depois de informada, porque a consciência é o delegado de Deus em

---

38 "Judgment", em *Works*, 4:85, 91-92; "Soul's Conflict", em *Works*, 1:144-45; "First Chapter 2 Corithians", em *Works*, 3:224, 226.
39 "Demand", em *Works*, 7:490; "First Chapter 2 Corinthians", em *Works*, 3:224; "Christ's Suffering", em *Works*, 1:363; "Judgment", em *Works*, 4:91; "Saint's Hiding-Place", em *Works*, 1:146; cf. Calvino, *Romanos*, pp. 103-105.
40 "Divine Meditations", em *Works*, 7:210.
41 "Fountain Opened", em *Works*, 5:482.
42 "Two Sermons", em *Works*, 7:345; cf. Calvino, *Institutas*, 3.13.3.
43 "Judgment", em *Works*, 4:90-92.

nós e, abaixo de Deus, ela é quem deve ser mais estimada. Quem peca contra a consciência peca contra Deus em sua própria constituição.[44] O segundo motivo é que a consciência é delicada e pode ser reprimida ou deturpada.[45] Ele advertia seus ouvintes: "alguns de vocês, por anseios de grandeza, pelo medo de perder ou pela esperança de avançar, deturpam a consciência e fazem qualquer coisa".[46] Portanto, tanto por sua importância como por sua delicadeza, a consciência deveria ser cuidadosamente examinada.[47] A falta de paz na consciência de um cristão provavelmente indica uma culpa que precisa ser examinada;[48] a "paz de consciência está acima de tudo de bom que se pode desejar".[49] Portanto, Sibbes aconselhou um amigo separatista que estava sofrendo com a consciência aflita: "Meu desejo sincero é que você, diligentemente, examine o livro de sua consciência, perscrute seu coração e sua vida; todos os dias antes de dormir, separe um tempo para lembrar e meditar".[50] Em vez de negligenciarmos o dever da contabilidade espiritual, Sibbes sugeriu que "o exame das nossas consciências e dos nossos caminhos nos forçará a viver pela fé todos os dias em Cristo Jesus",[51] quando nos dermos conta da grandeza de nossa necessidade e da provisão dele.

A Consciência e a Certeza da Salvação

Se a segurança não é para este mundo, o que dizer sobre a certeza da salvação? Prestar atenção na consciência exige que o crente

---

44 "Soul's Conflict", em *Works*, 1:211.
45 "Bruised Reed", em *Works*, 1:57.
46 "Bowels Opened", em *Works*, 2:158; cf. "Bruised Reed", em *Works*, 1:57-58; "Bowels Opened", em *Works*, 2:111.
47 "Bowels Opened", em *Works*, 2:50; cf. "Church's Riches", em *Works*, 4:517; "First Chapter 2 Corinthians", em *Works*, 3:222-23; Calvino, *Institutas*, 3.12.5.
48 "Soul's Conflict", em *Works*, 1:123-24.
49 "Providence", em *Works*, 5:54; "Christ Is Best", em *Works*, 1:342.
50 "Consolatory Letter", em *Works*, 1:cxiv; cf. "First Chapter 2 Corinthians", em *Works*, 3:226.
51 "Fountain Opened", em *Works*, 5:524.

não tenha certeza de sua salvação? Sibbes pergunta: "Do que adianta saber que Cristo veio para salvar os pecadores, mas ir para o inferno?".[52] Sibbes ensinava que o crente pode saber qual é seu estado e que é papel da consciência provar as declarações do crente de que ele está em estado de graça.[53]

Existem dois problemas comuns relacionados à certeza da salvação do cristão. O primeiro é a falsa culpa e o segundo é a falsa segurança. Sibbes observou que às vezes confundem-se os erros da consciência com o testemunho da consciência, "quando os homens reconhecem regras que não deveriam ou quando eles erram sobre a questão e não argumentam corretamente".[54] Desse modo, é necessário raciocinar com a ajuda da Escritura e de amigos que são capazes de identificar o erro, se a base de uma consciência que está em paz diante de Deus é o sangue de Cristo, e não as obras meritórias.[55]

Há também o problema da falsa segurança. Qualquer paz que a consciência parece dar precisa refletir "a obra da graça" em nossas vidas, e não uma mera segurança carnal. Cristo "primeiro [...] concede justiça e depois pacifica a consciência".[56] Somente nesse sentido, o papel da consciência é dizer para um homem se ele está em estado de graça.[57] A consciência deve testificar se o crente está confiando em Deus mais do que qualquer outra coisa.[58] Embora a consciência possa ser abafada ou reprimida nesta vida, nunca se satisfaz completamente até que Deus esteja satisfeito.[59] Desse modo, somente quando o Espírito Santo acalma a consciência é que o crente é capaz

---

52 "Church's Riches", em *Works*, 4:517.
53 "Bowels Opened", em *Works*, 2:50; "First Chapter 2 Corinthians", em *Works*, 3:222; cf. John Ball, *Treatise of Faith* (London: 1632), 95.
54 "First Chapter 2 Corinthians", em *Works*, 3:219; cf. 219-21.
55 "First Chapter 2 Corinthians", em *Works*, 227; cf. Calvino, *Institutas*, 3.14.7.
56 "First Chapter 2 Corinthians", em *Works*, 228; cf. Calvino, *Institutas*, 3.14.18.
57 "Demand", em *Works*, 7:486; "First Chapter 2 Corinthians", em *Works*, 3:207.
58 "Faithful Covenanter", em *Works*, 6:11.
59 "Demand", em *Works*, 7:482.

de ter a certeza do amor de Deus.[60] Sem uma consciência assim, não é possível ter a firme esperança da salvação e do Céu.[61]

Como a Consciência é Despertada

Com frequência, Sibbes incentivava seus ouvintes a se esforçar para ter e conhecer uma boa consciência.[62] De que maneira um crente pode despertar uma consciência naturalmente preguiçosa? Os meios mais óbvios são a oração, a comunhão, a pregação e a reflexão. Sibbes ensinou que "olhos inflamados não conseguem suportar a luz; e que a consciência inflamada não é capaz de suportar a presença de Deus. Portanto, é bom estar sempre na presença de Deus".[63] Ler a Palavra de Deus individualmente[64] ou ouvi-la sendo pregada para a comunidade[65] são atitudes que despertam a consciência, especialmente quando fazemos um autoexame enquanto lemos e ouvimos.[66] Contudo, os crentes também devem estimular suas consciências considerando os juízos de Deus sobre si mesmos, sobre a Igreja em outras nações e levando em conta os perigos na Igreja de nosso próprio país.[67] Tribulações temporárias devem ser vistas como sinais espirituais; sempre que Deus abre a consciência através de castigos específicos, é para conduzir o crente ao arrependimento por pecados específicos, o que não deve ser ignorado.[68]

---

60 "Angels", em *Works*, 6:352.
61 "Demand", em *Works*, 7:483; cf. Calvino, *Institutas*, 3.13.3; Confissão de Fé de Westminster 20.1; Catecismo Maior de Westminster, P. 80.
62 "Demand", em *Works*, 7:489-90; "Divine Meditations", em *Works*, 7:216; "Judgment", em *Works*, 4:90; "Two Sermons", em *Works*, 7:345; "Rich Poverty", em *Works*, 6:261.
63 "Breathing", em *Works*, 2:223.
64 "Bowels Opened", em *Works*, 2:48.
65 "Angels", em *Works*, 6:333.
66 "Soul's Conflict", em *Works*, 1:135.
67 "Judgment", em *Works*, 4:90; "Divine Meditations", em *Works*, 7:201; "Soul's Conflict", em *Works*, 1:150; cf. Calvino, *Institutas*, 3.2.20.
68 "Bowels Opened", em *Works*, 2:60-61.

A vida parecia confirmar para Sibbes que as tribulações são significativas — e que a maneira de compreendê-las é prestando atenção na consciência. Portanto, ele advertiu que "quem dorme com a consciência contaminada dorme entre feras selvagens, entre víboras e sapos. Se seus olhos estivessem abertos para enxergar isso, você estaria apavorado".[69] Quando há culpa na consciência, os juízos de Deus aumentam até o crente prestar atenção no veredicto da consciência sobre a questão.[70] Desse modo, a percepção que o crente tem da providência de Deus em sua consciência deve servir de base para orientá-lo.

A Consciência como uma Ferramenta de Crescimento

Sibbes ensinou que a consciência também é útil como uma ferramenta de crescimento espiritual. A consciência, mostrando-se sensível à ira de Deus, deve levar o homem a odiar o pecado e, consequentemente, ajudar em sua santificação.[71] Do mesmo modo, a consciência mantém o cristão humilde ao mostrar sua pecaminosidade e ao lembrá-lo de pecados específicos para que sejam corrigidos.[72]

Contudo, restaurar a tranquilidade depois de pecar contra a consciência pode ser algo difícil. O tempo[73] e até a confissão privada a um ministro, disse Sibbes, às vezes servem para acalmar a consciência.[74] Ao controlar a paz e o conforto do crente, a consciência também age como um guia, mostrando como se deve servir a

---

69 "First Chapter 2 Corinthians", em *Works*, 3:226.
70 "Bruised Reed", em *Works*, 1:46, 90.
71 "Christ's Suffering", em *Works*, 1:360; "Church's Visitation", em *Works*, 1:375; "Excellency", em *Works*, 4:254.
72 "Divine Meditations", em *Works*, 7:201; "Returning Backslider", em *Works*, 2:262; "Ungodly's Misery", em *Works*, 1:387; "Faithful Covenanter", em *Works*, 6:16; "Two Sermons", em *Works*, 7:346.
73 "Knot of Prayer", em *Works*, 7:242; "Saint's Hiding-Place", em *Works*, 1:416.
74 "Returning Backslider", em *Works*, 2:261; cf. "Bruised Reed", em *Works*, 1:54.

Deus em conformidade com sua vontade e seu mandamento. Sibbes pregava que uma boa consciência não procede de uma obediência perfeita, mas de um coração sincero que se esforça em obedecer ao evangelho e guardar o pacto com Deus.[75]

A consciência deve ser preservada dando ouvidos aos conselhos de Deus em sua Palavra e levando a consciência a uma obediência maior[76] — embora, muitas vezes, Deus também "desperte as consciências de seus filhos, exercitando-as através de conflitos espirituais" e até mesmo de deserções temporárias.[77]

Os Benefícios de Uma Boa Consciência

A preservação de uma boa consciência é tão importante para o cristão que Sibbes dizia que era "um Céu na terra [...] o paraíso de uma boa consciência",[78] incentivando os ouvintes a não serem expulsos como Adão e Eva foram expulsos do Éden. Uma vez que é a resposta à vocação eficaz do Espírito Santo, os cristãos começam suas novas vidas com uma consciência purificada e pacificada.[79] Se a consciência for mantida assim, os benefícios de uma boa consciência são grandiosos: com facilidade, o Espírito incomoda a consciência por causa do pecado; com facilidade, ela é pacificada pelas promessas da graça; e, com facilidade, ela é restaurada a um desejo de agradar a Deus em todas as coisas.[80] "Quando a consciência está limpa [...] não há nada entre nós e Deus para impedir a nossa confiança".[81] Assim, o crente pode confiar

---

75 "Demand", em *Works*, 7:490; "First Chapter 2 Corinthians", em *Works*, 3:204-5, 223. Cf. Calvino: "A boa consciência nada mais é que a integridade interior do coração" (*Institutas*, 3.19.1b; cf. 4.10.4).
76 "Privileges", em *Works*, 5:278; "Demand", em *Works*, 7:490-91.
77 "Saint's Safety", em *Works*, 1:316.
78 "Danger", em *Works*, 7:410; "Soul's Conflict", em *Works*, 1:134; "First Chapter 2 Corinthians", em *Works*, 3:215-16, 218.
79 "Bride's Longing", em *Works*, 6:541; "Demand", em *Works*, 7:485, 489-90.
80 "Demand", em *Works*, 7:484; "Fountain Opened", em *Works*, 5:493.
81 "Soul's Conflict", em *Works*, 1:241.

que suas orações serão atendidas[82] e pode viver com coragem e alegria, seguro da aprovação de seu mestre.[83] Sem essa boa consciência, até mesmo o mais forte homem do mundo é um escravo.[84]

Por fim, só é possível vencer através de uma consciência íntegra,[85] pois somente uma boa consciência pode trazer o verdadeiro conforto:[86]

> Quando um homem está doente e não consegue comer, a boa consciência é um "banquete contínuo" (Provérbios 15.15). Na tristeza, é um músico. Uma boa consciência não somente aconselha e adverte, como também é um músico para alegrar [...] Se a consciência de um homem estiver ferida, se ela não for apaziguada pela fé no sangue de Cristo; se o homem não tiver o Espírito para dar testemunho do perdão de seus pecados e para santificá-lo e capacitá-lo a se conduzir a uma vida reta, tudo perde o sentido, se houver uma consciência má. O corpo doente, enquanto está enfermo, já está em uma espécie de inferno.[87]

A boa consciência arma o crente contra todo desencorajamento,[88] permitindo que ele "olhe diretamente para Deus"[89] — sendo tranquilizada por Deus diante da acusação por pecados que já foram perdoados.[90] No fim das contas, aqueles que preservam a boa cons-

---

82 "Demand", em *Works*, 7:483; cf. Calvin, *Institutas*, 1.20.10, 12.
83 "Excellency", em *Works*, 4:237; "Faithful Covenanter", em *Works*, 6:16; "First Chapter 2 Corinthians", em *Works*, 3:206-7, 223.
84 "Excellency", em *Works*, 4:237; "Soul's Conflict", em *Works*, 1:228.
85 "Divine Meditations", em *Works*, 7:207; "Saint's Safety", em *Works*, 1:322.
86 "Demand", em *Works*, 7:490-91; "Divine Meditations", em *Works*, 7:216; "Rich Poverty", em *Works*, 6:261; "Yea and Amen", em *Works*, 4:130; "First Chapter 2 Corinthians", em *Works*, 3:215-16. Cf. Calvino, *Institutas*, 3.14.18.
87 "First Chapter 2 Corinthians", em *Works*, 3:217.
88 "Faithful Covenanter", em *Works*, 6:16.
89 "Demand", em *Works*, 7:490. Cf. imagens visuais em "Angels", em *Works*, 6:333; "Christ's Suffering", em *Works*, 1:357-58; "Demand", em *Works*, 7:486; "Divine Meditations", em *Works*, 7:194.
90 "Rich Pearl", em *Works*, 7:256.

ciência são verdadeiramente sábios[91] e verdadeiramente ricos.[92] À luz disso, é natural que Sibbes exclamasse:

> Se é verdade que não podemos fazer nada nem suportar nada como deveríamos, que não podemos louvar a Deus e que não podemos viver ou morrer sem alegria, e sem aquilo que é o fundamento da alegria, que é o testemunho da boa consciência, então devemos nos esforçar para que a consciência dê um bom testemunho de nós.[93]
> Desse modo, como devemos apreciar e valorizar o testemunho de uma boa consciência! [...] Devemos reverenciar nossa própria consciência mais do que todas as pessoas e todas as coisas deste mundo.[94]

Quando Consciências Entram em Conflito

Assim como os reformadores haviam criticado a Igreja romana por vincular a consciência a questões nas quais o evangelho dava liberdade, o mesmo problema tornou-se uma fonte recorrente de controvérsias na Igreja inglesa. E, embora essa questão não fosse muito mencionada de forma explícita nos sermões de Sibbes, implicitamente fazia parte de suas frequentes exortações para dar ouvidos aos ditames da consciência mais do que aos conselhos dos homens.

Embora, com frequência, ele defendesse o conformismo de forma explícita, é possível encontrar, nos escritos pastorais de Sibbes, o fundamento para o não conformismo religioso e civil. Em setembro de 1631, Sibbes pregou na capela da Gray's Inn, incentivando os ouvintes a renunciar "às riquezas, aos prazeres, às honras, à vida e ao mundo

---

91 "Demand", em *Works*, 7:490-91; "Soul's Conflict", em *Works*, 1:145.
92 "Rich Pearl", em *Works*, 7:259.
93 "First Chapter 2 Corinthians", em *Works*, 3:223; cf. 228.
94 "First Chapter 2 Corinthians", em *Works*, 219.

[...] por causa da consciência".⁹⁵ A qualquer momento, um pregador popular poderia pregar sobre as palavras de Jesus em Mateus 19.29; contudo, em 1631, essas palavras eram especialmente importantes para o público de Sibbes. Para os piedosos, os sinais indicavam que o juízo de Deus era iminente, especialmente na igreja: dos piedosos que deixavam a Inglaterra por causa das inovações de Laud à fabricação ilegal de sabão (porque estavam sendo feitos empréstimos aos amigos católicos romanos da rainha com o dinheiro dos impostos do sabão), as consciências piedosas estavam sendo ouvidas.⁹⁶

Abaixo de Deus, a consciência deve ser valorizada acima de todas as coisas,⁹⁷ pois "a consciência está acima de mim e acima de todos os homens do mundo",⁹⁸ e deve ser reverenciada até "mais do que qualquer monarca do mundo".⁹⁹ Portanto, "todo homem deve seguir a maioria dos ditames da própria consciência, depois de informada, porque a consciência é o delegado de Deus em nós e, abaixo de Deus, ela é quem deve ser mais estimada. Quem peca contra a consciência peca contra Deus em sua própria constituição".¹⁰⁰

Há um importante detalhe no ensinamento de Sibbes sobre a consciência que precisamos observar. Embora Sibbes ensinasse que a consciência é o guardião moral da alma e que é perigoso ignorá-la, ele não defendia que a consciência está sempre certa.¹⁰¹ Na verdade,

---

95 "Rich Pearl", em *Works*, 7:259.
96 Robert Ashton, *The City and the Court*, 1603-1643 (Cambridge, England: Cambridge University Press, 1979), 141-43.
97 "Excellency", em *Works*, 4:220; cf. "Angels", em *Works*, 6:352.
98 "First Chapter 2 Corinthians", em *Works*, 3:210.
99 "First Chapter 2 Corinthians", em *Works*, 3:225; cf. 500; Calvino, *Institutas*, 3.19.14-15; 4.10.4, 8; Perkins, *Gálatas*, 325-26, 361-62.
100 "Soul's Conflict", em *Works*, 1:211; cf. "First Chapter 2 Corinthians", em *Works*, 3:211.
101 "No uso que os reformadores faziam da palavra 'consciência', a condição estática de uma inclinação para o bem é completamente dissipada pela realidade da inclinação do homem para o mal, que experimenta o medo quando o Espírito Santo usa a lei de Deus para derrubar as pretensões do homem" (G.C. Berkouwer, *Man: The Image of God*, tradução de D. Jellema [Grand Rapids, Mich.: 1962], 172).

isso é algo que ele expressamente negou.[102] Ele ensinou que, como a consciência pode enganar-se, as pessoas poderiam e deveriam educar a própria consciência — primariamente, através da Palavra, mas também através da aplicação (falível) das duas tábuas da lei pela Igreja e pelo Estado.[103] Dessa maneira, a consciência não serve de base para o não conformismo, mas abre o caminho para o conformismo: "O maior pecado de que poderá acusar-nos no dia do juízo não é termos sido ignorantes, mas nos termos recusado a saber, não nos permitindo que nossa consciência fosse corrigida e instruída".[104] Diferente da própria Palavra, a Igreja e a lei civil estavam sujeitas a se corromper como meios de instrução. Embora tanto a Igreja como o Estado tenham o dever de instruir a consciência, nenhuma das duas instituições deveria seguir o exemplo de Roma, tentando usurpar o lugar da consciência. Em seu famoso sermão *"The Soul's Conflict with Itself"* ("O conflito da alma consigo mesmo"), Sibbes disse aos ouvintes na Gray's Inn:[105]

> Precisamos olhar para o lugar em que Deus nos colocou. Se estivermos sujeitos a outras pessoas, a autoridade delas *deve ser suficiente para nos persuadir em coisas duvidosas*. É

---

102 "First Chapter 2 Corinthians", em *Works*, 3:219. "Os juízos da consciência individual são tão sujeitos a argumentos e correções quanto qualquer outra proposição intelectual; não são imunes à crítica, como se fossem baseados em uma apreensão interior e privada da vontade de Deus" (Conrad Wright, "John Cotton Washed and Made White", em *Continuity and Discontinuity in Church History*, eds. T.T. Church and F. George [Leiden, Netherlands: Brill, 1979], 342).

103 "Soul's Conflict", em *Works*, 1:211; "Angels", em *Works*, 6:329; "Divine Meditations", em *Works*, 7:201; "First Chapter 2 Corinthians", em *Works*, 3:209, 213-14, 374. Cf. Bernard Verkamp, *The Indifferent Mean: Adiaphorism in the English Reformation to 1554* (Athens, Ohio: Ohio University Press, 1977), 9; Yule, 16-25.

104 "First Chapter 2 Corinthians", em *Works*, 3:213; cf. "The Unprosperous Builder", em *Works*, 7:31; "Excellency", em *Works*, 4:257-58; "Judgment", em *Works*, 4:110.

105 "Bowels Opened", em *Works*, 2:120; "First Chapter 2 Corinthians", em *Works*, 3:214, 500-504; "Unprosperous Builder", em *Works*, 7:24. Cf. Calvino, *Reply*, 243; Calvino, *Romanos*, 283; Verkamp, 9-54. A ênfase que Sibbes deu à autoridade da consciência deve ser analisada à luz da quantidade cada vez maior de questões adiáforas que estavam sendo defendidas como componentes da fé na Igreja inglesa.

seguro que devemos obedecer; e, se a coisa à qual nos exigem obedecer é incerta para nós, devemos deixar o que é duvidoso para nos apegar ao que é seguro; nesse caso, devemos obedecer àqueles que são deuses debaixo de Deus. Aqueles que são chamados para uma posição de submissão também não devem investigar curiosamente os mistérios do governo; é algo que, em tempos de paz ou em tempos de guerra, fomenta muita confusão e perturbação. Vivemos sob leis que são aplicações específicas da lei de Deus em algumas das obrigações da segunda tábua [...] Onde a lei de Deus não é contrariada, o que está em consonância com a lei está de acordo com a consciência [grifo nosso].[106]

Descobrir o que Sibbes acreditava ser a essência teológica da Igreja — a pregação piedosa, a correta administração dos sacramentos, alguma disciplina — é descobrir o que ele considerava essencial para a prática da Igreja (e, portanto, o que ele não considerava essencial).[107] Sibbes entendia que as divisões na Igreja decorrentes de outras razões que não eram essenciais eram divisões por "objetivos pessoais". Mesmo que a pessoa que estivesse promovendo a divisão estivesse certa acerca dos pormenores, estava errada em provocar divisão por qualquer coisa que não fosse "necessária".[108]

Embora Sibbes não considerasse o establishment elizabetano perfeito, sentia que a responsabilidade era daqueles a quem estava confiado o governo da Igreja.[109] Ademais, o motivo de muitas divisões desnecessárias era a falta de fé na provisão futura de Deus,

---

106 "Soul's Conflict", em *Works*, 1:209-10.
107 "Consolatory Letter", em *Works*, 1:lxxiii-cxvi; cf. "Church's Visitation", em *Works*, 1:375-76.
108 "Bruised Reed", em *Works*, 1:76.
109 "Se houvesse uma reforma completa na Igreja depois de sua última tribulação, e uma aproximação maior de Cristo, ela não teria decaído para uma condição mais perigosa" ("Bowels Opened", em *Works*, 2:38).

fundamentada em suas promessas, uma pirraça infantil que, "quando eles não recebem tudo o que querem, como crianças, jogam tudo fora".¹¹⁰ Essa infantilidade, junto com a ignorância sobre a verdadeira liberdade cristã, criou escrúpulos desnecessários. Sibbes dizia que, em vez de se separar desesperadamente, eles deveriam ter fé, pois "a fé contempla as coisas como se já fossem realidade".¹¹¹

A experiência do próprio Sibbes na Igreja aumentou sua disposição e fortaleceu sua capacidade de enxergar com os olhos da fé, confiando que coisas boas, as quais, naquele momento, ainda não eram visíveis, estavam prestes a acontecer. "Troque de óculos, olhe com os olhos da fé, e você verá uma primavera em meio ao inverno na Igreja."¹¹² Assim como o verdadeiro crente poderia ter certeza sobre seu destino com base na autenticidade de sua experiência no presente, Sibbes acreditava que a igreja corrupta, sendo autêntica, poderia ter a certeza de que ela seria completa e absolutamente santificada e vindicada — poderia haver incerteza sobre os meios, mas não sobre o final.¹¹³ Portanto, "em alguns casos, a paz [...] é mais importante do que revelar abertamente algumas coisas que consideramos ser verdadeiras [...] enfatizar as diferenças só é bom quando é necessário".¹¹⁴ Enquanto "alguns apagam a luz porque há pouca fumaça, nós vemos que Cristo sempre valoriza os humildes começos".¹¹⁵ Sibbes concluiu dizendo: "Prefiro correr o risco de ser censurado por alguns a atrapalhar o bem de outros".¹¹⁶

Se a escolha pelo conformismo foi difícil para a consciência de Sibbes em 1616, dificilmente poderia ter sido menos difícil em 1633,

---

110 "Soul's Conflict", em *Works*, 1:136.
111 "First Chapter 2 Corinthians", em *Works*, 3:93.
112 "Fountain Opened", em *Works*, 5:491; cf. "Bowels Opened", em *Works*, 2:136, 180; "Church's Visitation", em *Works*, 1:375; Preston, *Breast-Plate*, parte i, 113; Stoever, 159.
113 "Bowels Opened", em *Works*, 2:85, 23; "Soul's Conflict", em *Works*, 1:209, 225, 244, 262; "Saint's Safety", em *Works*, 1:312, 318.
114 "Bruised Reed", em *Works*, 1:76.
115 "Bruised Reed", em *Works*, 1:51.
116 "Bruised Reed", em *Works*, 1:41; cf. 55.

quando diversas pessoas que eram próximas dele decidiram que não poderiam continuar a se conformar com uma boa consciência. Porém, por mais que ele tenha ficado angustiado com os maus sinais para o futuro da Igreja Reformada na Inglaterra, a consciência de Sibbes estava bem instruída — com a ajuda não somente de seus "olhos da fé", mas também de sua fé na providência.

Depois da peste especialmente severa que acometeu Cambridge em 1630, Sibbes pregou que Deus "nos deu nossas vidas mais de uma vez, a cada um de nós individualmente, especialmente em relação à última difícil visitação".[117] Deus está ativo na história; seu povo seria "advertido por muitos perigos públicos".[118] Somente "homens mundanos e tolos, que vivem aqui embaixo, acreditam que não pode existir nada que seja diferente do que eles são capazes de enxergar; eles focam exclusivamente nos sentidos, nos prazeres e na grandeza da aparência das coisas. Ah! Pobres almas!".[119] Mas os cristãos devem fazer uso desses acontecimentos providenciais para despertar suas consciências.[120] Assim como, em Atos 5, Deus julgou seus inimigos e livrou a Igreja do engano deles, também providenciará a vingança final contra seus inimigos e salvará sua Igreja.[121] Reconhecendo que a providência de Deus pode preparar seu povo, "nós não sabemos quando Deus nos chamará".[122] Por meio dessas observações, a fidelidade de Deus pode ser vista, e a fé do crente, fortalecida.

---

117 "Saint's Safety", em *Works*, 1:311.
118 "Demand", em *Works*, 7:491; cf. "Bowels Opened", em *Works*, 2:43, 65-67; "Divine Meditations", em *Works*, 7:208; "Fountain Opened", em *Works*, 5:512; "Soul's Conflict", em *Works*, 1:197, 204-6, 210, 231, 244; "Privileges", em *Works*, 5:269; e, é claro, "Providence", em *Works*, 5:35-54; Miller, Mind, 38-40; Keith Thomas, *Religion and the Decline of Magic* (London: Penguin, 1971), 90-132.
119 "Angels", em *Works*, 6:319.
120 "Judgment", em Works, 4:90.
121 Sibbes reconhecia que o governo de Deus sobre sua Igreja era mais "externo nos tempos primitivos da Igreja" ("Judgment", em *Works*, 4:83).
122 "Art", em *Works*, 5:193; cf. "Bowels Opened", em *Works*, 2:181; "Danger", em *Works*, 7:412; "Fountain Opened", em *Works*, 5:466; "Judgment", em *Works*, 4:95; "Saint's Hiding-Place", em *Works*, 1:425.

Mas Sibbes ensinava que, em última análise, não é a leitura da providência de Deus, mas a confiança nas promessas de Deus, que deve fortalecer a fé do crente e instruir sua consciência. Com base em sua própria experiência de sucesso ministerial na Igreja e com a ajuda do gradualismo que caracterizava sua compreensão acerca da operação da graça de Deus no convencimento, na conversão, na consolação e na certeza da salvação dentro da comunidade do pacto, Sibbes se conformou com a boa consciência. Em Sibbes, a piedade interior do consolo, da certeza da salvação e da consciência estava intrinsecamente ligada à Igreja visível e falível, independentemente da necessidade de ser assim. Para Sibbes, essa piedade interior não era o caminho para o não conformismo, mas foi o que permitiu que ele continuasse conformista.

Sibbes também se referia a uma "luz inata da alma" e a uma "certeza infundida pelo Espírito". As duas coisas referem-se ao conhecimento adquirido à parte dos sentidos.[123] Essa compreensão da natureza da consciência levou Sibbes a enfatizar outro posicionamento conflitante de que, abaixo de Deus, só devemos prestar contas à consciência, e que a consciência tinha uma autoridade tão grande que nunca deveria ser dispensada — embora não fosse capaz de salvar, precisava ser ouvida; embora precisasse ser instruída, não poderia ser ignorada.[124] Foi essa ambiguidade que cooperou para que, no século XVIII, Sibbes, sendo um conformista, fosse apresentado como um não conformista. Embora não haja dúvida de que Sibbes realmente ensinou que, "onde a lei de Deus não é contrariada, o que está em consonância com a lei está de acordo com a consciência", essa era meramente uma declaração de como as coisas deveriam ser. Os anos que sucederam a morte de Sibbes revelaram que conflitos profundos poderiam emergir entre a obrigação de humildemente instruir a própria consciência e a obrigação de ouvi-la a todo custo.

---

123 "First Chapter 2 Corinthians", em *Works*, 3:427; cf. 260.
124 "Glance of Heaven", em *Works*, 4:159; cf. Breward, 33.

PÓS-ESCRITO

A Importância de Sibbes para os Estudos Puritanos

Quase quatro séculos depois de sua morte, Richard Sibbes continua a ser um puritano celebrado. A edição do século XIX da coletânea de suas obras vem sendo republicada há quase trinta anos e pode ser encontrada nas prateleiras de ministros anglicanos, reformados e evangélicos. Contudo, entre o vasto território daqueles que ficaram perdidos na história e os poucos que se tornam objeto de estudos detalhados, Sibbes habitou em uma "terra de ninguém" acadêmica, caracterizada por uma mistura de ignorância e proeminência. Conhecido por ser incluído em listas breves e por citações de frases inteligentes, Sibbes é um homem que está sendo resgatado da obscuridade, digno do privilégio de ser estudado com profundidade.

A neblina da história ocultou Sibbes para que ele se tornasse historicamente invisível ou, pelo menos, para que não houvesse clareza sobre ele. Em diversas questões, ele é descrito com precisão, mas de forma incompleta, o que faz com que ele seja um personagem muito mal compreendido. Em alguns casos, os detalhes sobre ele são descritos de forma pouco precisa. Se considerarmos a natureza e a quantidade de seus escritos que temos a nosso dispor, é possível sustentar praticamente qualquer interpretação superficial sobre a pessoa e a teologia dele.

O objetivo deste estudo é recuperar Sibbes em sua totalidade histórica e teológica. A maior parte das fontes deste estudo já foi publicada e é bem conhecida. Embora Sibbes fosse famoso, até mesmo celebrado, não se pode dizer que, durante sua vida, seu pensamento tenha sido influente ou que sua carreira tenha sido determinante para o rumo dos piedosos no início da Inglaterra dos Stuart. Contudo, a desvantagem do escopo limitado deste estudo, que foca somente em Sibbes, pode ser compensada pela atenção especial que foi dispensada aos detalhes. Embora ainda haja muito trabalho a ser feito em relação a Sibbes, o objetivo deste livro foi apresentá-lo com clareza em seu contexto histórico e teológico.

Diferente do que já foi dito em outras apresentações, parece que Sibbes realmente subscreveu os três artigos e se conformou. Não há razões para crer que ele foi removido da posição de preletor na igreja da Santíssima Trindade, em Cambridge, e é certo que ele não foi removido de sua posição de *fellow* na St. John's College. E Sibbes também não deve ser visto como uma causa de perturbação na Igreja Anglicana.

A origem da grande mudança na reputação de Sibbes, de um moderado conformista para um não conformista destituído, foi rapidamente discutida no capítulo dois; o desenvolvimento do mito de Sibbes como um mártir puritano é cheio de suposições que são apresentadas como fatos comprovados, com base em fontes secundárias, e não primárias; mas esse foi o retrato que prevaleceu. É até compreensível, se considerarmos quanto os relatos sobre sua destituição são universalmente difundidos, mas é surpreendente que a visão predominante não tenha gerado mais questionamentos, se considerarmos que Sibbes foi posteriormente promovido e a reputação que ele conquistou.

A tradição de relatar a história do movimento puritano meramente como o primeiro capítulo da história dos dissidentes permaneceu intacta no caso de Sibbes, o que deixou sua imagem menos precisa. Graças à inclusão desses relatos em duas obras de referência que são muito citadas por historiadores posteriores — *Alumni Cantabrigienses* (Ex-Alunos da Universidade de Cambridge), escrito por James Venn, e o artigo sobre Sibbes no *Dicionário de biografia nacional*, escrito por Alexander Gordon —, os erros envolvendo Sibbes e sua mudança de Cambridge para Londres foram consagrados e se tornaram "fatos" biográficos sobre Richard Sibbes. Desde então, o curso natural dos historiadores tem sido repetir a história da destituição de Sibbes, quase sempre que seu nome é mencionado.

Uma explicação mais plausível para a mudança de Sibbes de Cambridge para Londres em 1617 é o talento que ele tinha para cultivar amizades e seus notáveis dons como pregador. Sua habilidade de fazer e manter amigos ajuda a explicar pelo menos seu envolvimento com os Feudatários (antes de serem dissolvidos), seu sucesso como mestre na Katharine Hall e talvez muito mais. Contudo, seu envolvimento com os Feudatários não exigiu qualquer tipo de radicalismo religioso que levasse à separação. Essa possibilidade está claramente fora de cogitação — não apenas porque esse é um argumento fraco, mas também pelas defesas explícitas de Sibbes da Igreja da Inglaterra, pelo tom de seus escritos e por sua postura ao longo da carreira.

Contudo, quanto mais as autoridades colocavam obstáculos para a pregação piedosa, que Sibbes, literalmente, considerava a salvação da Igreja da Inglaterra, mais parecia que ele parecia deslocado. Todavia, sua fidelidade à Igreja da Inglaterra era consistente com sua própria experiência e teologia. Sua experiência com as autoridades não era só negativa, que é a impressão que podemos ter com base em outras apresentações anteriores. Sibbes conhecia os benefícios dos patronos ricos. Ele frequentemente recebia ajuda das autoridades, o que talvez explique por que continuou mostrando-se capaz de confiar na hierarquia que estava se voltando contra o que ele reconhecia como os meios de graça.

A fidelidade de Sibbes à Igreja da Inglaterra também era consistente com sua teologia. Ele entendia que a Igreja é uma comunidade pactual mais ampla do que os eleitos, cheia de pessoas em diversos estados espirituais. Portanto, era de se esperar que houvesse imperfeição, tolerância — sem justificar os erros —, e que os meios de graça fossem vigorosamente encorajados. De fato, o pacto impunha sobre o indivíduo a obrigação de viver uma vida de santidade. A ênfase que Sibbes dava à piedade interior — ele não era o único, mas era algo que ele transmitia poderosamente em seus sermões — explica sua popularidade entre grupos tão distintos, por sua capacidade de se conformar às exigências da Igreja, e também pela possibilidade de se viver um cristianismo em desobediência às autoridades terrenas.

Sibbes não era um mero moralista; ele entendia que a Igreja era uma criação soberana e sobrenatural de Deus. A teologia da soberania de Deus não foi ofuscada pelo uso que Sibbes fazia da terminologia pactual, nem por exortar os ouvintes a fazer uso dos meios de graça. E a responsabilidade absoluta do indivíduo diante de Deus também não era ofuscada por sua defesa da necessidade de instruir a própria consciência. Sibbes claramente ensinava que apenas a autoridade absoluta era completamente confiável. A completa confiabilidade era o que caracterizava a autoridade absoluta, Deus.

No entanto, o fato de Sibbes ter conseguido permanecer na Igreja da Inglaterra até a sua morte, em 1635, não deve ser usado para sugerir que seu conformismo foi sempre o mesmo ao longo de toda a sua vida, nem para dizer que, em 1635, suas posições fossem tão comuns na Igreja quanto 25 anos antes. Nos primeiros anos como *fellow* na St. John's College, as posições de Sibbes possivelmente eram as mesmas da maioria dos religiosos em sua faculdade e universidade, mas, em seus dois últimos anos, ele era um notável representante dos puritanos moderados na Igreja, que ainda tinham importância, mas estavam envelhecendo e diminuindo em número. Não é um grande mistério: assim como as destituições que ele não sofreu foram por muito tempo vistas como uma expressão natural da eclesiologia separatista que ele não defendia, o conformismo que ele inicialmente abraçou era a expressão natural de sua própria experiência e de suas convicções.

Se este estudo for útil para apresentar Sibbes como um puritano moderado da Igreja da Inglaterra no século XVII, de uma maneira que é historicamente precisa, então também pode ser muito útil teologicamente, ao sugerir que é um equívoco supor que a estrutura pactual teria enfraquecido, de alguma forma, os fundamentos da teologia reformada. Perry Miller e Karl Barth, com base em observações anteriores, mas independentes um do outro, chegaram à conclusão de que esse enfraquecimento aconteceu. Embora os dois fossem muito diferentes e tivessem preocupações diferentes — Miller era um historiador americano convicto de seu ateísmo, enquanto Barth era um piedoso teólogo reformado suíço —, eles chegaram a conclusões surpreendentemente parecidas acerca dos efeitos da teologia do pacto no pensamento reformado. O racionalismo otimista de Miller o deixou intrigado com as raízes reformadas da Nova Inglaterra; Miller olhava para Calvino e não gostava do irracionalismo que enxergava nele, mas percebeu uma dependência e uma confiança cada vez maiores nos herdeiros de Calvino, especialmente entre os teólogos do pacto. Por outro lado, Barth, um árduo defensor de Calvino, enxergava, nas formulações mais explícitas do pacto, a introdução de um antropocentrismo que obscurecia a graça. Embora Miller tenha influenciado a interpretação teológica posterior sobre o puritanismo do século XVII, foi a poderosa junção das duas ideias por historiadores da Igreja, como Basil Hall e J.B. Torrance, que realmente lhes deu credibilidade com outros historiadores, que estavam prontos para ceder todo o conhecimento de coisas teológicas aos especialistas com formação na área.

O mais influente estudo recente que reacendeu o debate sobre o assunto foi *Calvin and English Calvinism to 1649*. Embora essa obra seja amplamente citada como teologicamente autoritativa por historiadores recentes, contém diversas falhas — algumas, inclusive, foram identificadas neste livro. Se uma das vantagens de estudos como o de Miller e de Kendall é que podem ajudar a digerir, resumir e organizar informações, uma das desvantagens é o desconhecimento dos pormenores e o desdém pelos detalhes. Em especial, as comparações que Kendall faz entre personagens de épocas e situações distintas — uma tarefa difícil, mas necessária — acabam sendo menos úteis do que aparentam ser, porque ele dá pouca atenção ao contexto histórico. Na verdade, a análise de Kendall acaba se revelando enganosa, pois as declarações de Calvino, que foram feitas no contexto de uma polêmica contra a forma de cristianismo que existia ao seu redor e que tentava seduzir os habitantes de Genebra, são apresentadas "em diálogo" com as declarações feitas por pregadores ingleses cinquenta e cem anos depois, no contexto de uma Igreja Protestante nacional.

Em 1697, John Higginson, um ministro de 81 anos de idade da igreja de Salém, Massachussets, olhou para a primeira geração de ministros (que incluía seu pai) que veio da Inglaterra para a Nova Inglaterra, e fez a seguinte observação: "No tempo deles, nossos pais reconheceram que havia muitos defeitos e imperfeições em nossos caminhos, mas nós cremos que eles fizeram tudo que seria possível esperar de homens instruídos e piedosos nas circunstâncias em que eles viveram".[1] Tamanho era o respeito que aqueles que diver-

---

1 John Higginson, "An Attestation to the Church-History", prefácio de Cotton Mather, *Magnalia Christi Americana* (Hartford, Conn.: 1853), 1:17.

giam de Sibbes nutriram por ele após a sua morte que não deixaram de admirá-lo. Para Richard Baxter, Sibbes foi um daqueles "antigos episcopais moderadores [...] que costumavam ser doutrinariamente calvinistas".[2] Não que Sibbes fosse um homem moderado quando pregava sobre a necessidade da justificação pela fé, sobre a certeza da salvação de Deus ou sobre o dever dos membros do pacto de cumprir suas obrigações. Mas a sua moderação era reservada àquelas questões externas da religião, que ele considerava indiferentes e sua igreja considerava edificantes: o sinal da cruz, o uso de vestes clericais e talvez até alguém que fosse indignamente promovido ao cargo de *fellow*. Até nos seus últimos anos, quando ele deve ter-se sentido mais pressionado e tinha mais motivos para se desesperar, ele continuou como membro da "sagrada comunhão da Igreja verdadeiramente Evangélica da Inglaterra".[3] Depois de uma vida inteira de experiências frutíferas, é compreensível que, em seu testamento, Sibbes tenha entregado sua alma a Deus "com humilde gratidão, pelo privilégio de ter nascido e vivido na melhor época do evangelho".[4]

---

2 Richard Baxter, *Reliquae Baxterianae*, ed. Matthew Sylvester (London: 1696), ii.149.
3 "Consolatory Letter", em *Works*, 1:cxvi.
4 "David's Epitaph", em *Works*, 6:495.

LEIA TAMBÉM

O Zelo Evangelístico de
George Whitefield

STEVEN J. LAWSON

UM PERFIL DE HOMENS PIEDOSOS

LEIA TAMBÉM

A Devoção Trinitária de John Owen

SINCLAIR B. FERGUSON

UM PERFIL DE HOMENS PIEDOSOS

LEIA TAMBÉM

O Encanto Poético de
Isaac Watts
DOUGLAS BOND

UM PERFIL DE HOMENS PIEDOSOS

LEIA TAMBÉM

A Difícil Missão de William Tyndale

STEVEN J. LAWSON

UM PERFIL DE HOMENS PIEDOSOS

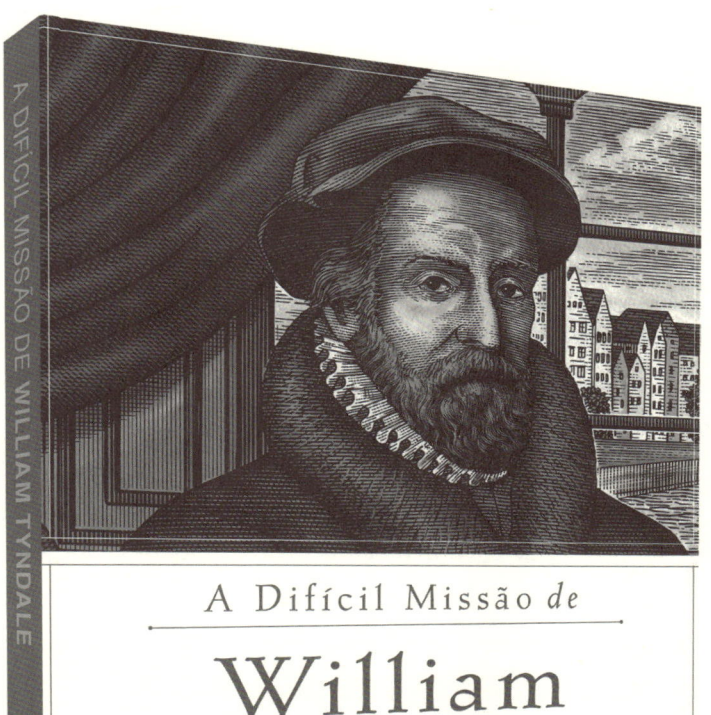

FIEL Editora

FIEL MINISTÉRIO

O Ministério Fiel visa apoiar a igreja de Deus, fornecendo conteúdo fiel às Escrituras através de conferências, cursos teológicos, literatura, ministério Adote um Pastor e conteúdo online gratuito.

Disponibilizamos em nosso site centenas de recursos, como vídeos de pregações e conferências, artigos, e-books, audiolivros, blog e muito mais. Lá também é possível assinar nosso informativo e se tornar parte da comunidade Fiel, recebendo acesso a esses e outros materiais, além de promoções exclusivas.

Visite nosso site

www.ministeriofiel.com.br